JN438410

문학사랑 시인선
62

아름다운 초대

김명배 유고시집

김명배 선생님의 소천 2주기를 맞아
유고 작품과 가족 · 제자들이 추천한 대표작품
총 100여 편을 수록하였습니다.

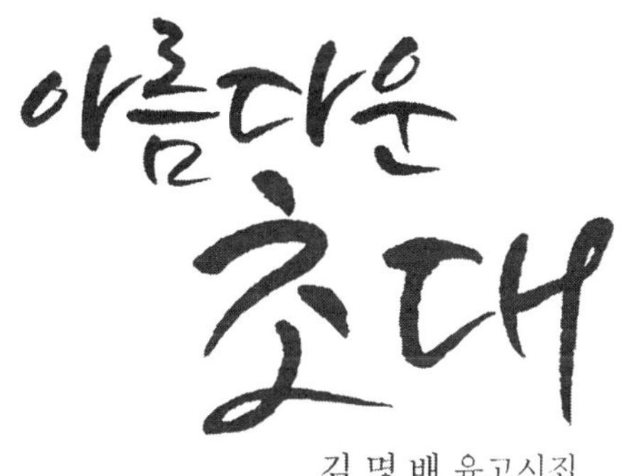

김 명 배 유고시집

『아름다운 초대』를 펴내며

저녁밥 잘 먹고
친구 집에 마실 가듯
갔으면 싶습니다
폐가 안 된다면
한 열흘쯤 뒤에 이웃에게
엽서나 보내면 어떨지 싶고
고맙습니다
반갑게 맞아주는 아름다운 초대
눈물방울만한 영혼 하나
거기 어디 쉴 곳 없겠습니까

— 유고시 「아름다운 초대」 전문

동반자로 의지하였던 고 김명배 시인께서 이 작품을 쓰시고, 몇 작품 더 쓰신 다음에 '어지럽다'는 말을 남기고 마실을 가듯이 조용히 떠나신 지 2주기를 맞습니다.

아내와 남편으로 해로하였지만, 남편은 보호자셨고, 스승과 같은 분이셨습니다. 눈물로도 보낼 수 없는 분이어서, 먹먹한 가슴에 담아둔 채, 아니 보내드렸습니다.

소천 1주기를 맞은 2017년에 평생 '천안사람'으로 사셨던 선생님을 기리기 위해 '천안'을 소재로 한 작품 100편을 가려 『천안 홍타령』을 발간해 드렸습니다.

고맙게도 선생님의 선후배 문인과 제자들이 소천 1주기를 추모하기 위해 2017년 8월 17일 11시에 선생님을 모신 '각원사'를 찾아 고맙고 뜻깊은 자리를 가졌습니다.

이제 소천 2주기를 맞아 유고 작품 34편, 가족과 제자 10여 명이 선생님의 '대표작품'으로 복수 추천한 작품 70여 편을 합한 100여 편으로 유고시집 『아름다운 초대』를 발간합니다.

아직도 선생님을 잊지 못하는 선후배와 제자 문인들이 금년에도 소천 2주기에 맞추어 '추모행사'를 준비하고 있다고 합니다. 그날 이 시집을 함께 나누려고 합니다.

저를 비롯한 많은 분들이, 선생님을 멀리 보내드렸지만, 가슴에 남겨 둔 채 잊지 못합니다. 언제인가 저도 마실 가듯 선생님을 만나러 가겠습니다.

여러 모로 고마운 분들에게 감사드립니다.

2018년 8월 17일을 앞두고
이 진 학 손 모음

| 차 례 |

1부 바람의 언덕에서 〈유고작품〉

2부 책을 읽고 있는 아내

| 차 례 |

| 차 례 |

〈유고 작품〉

1부
바람의 언덕에서

풀꽃나라

— 허튼소리

풀꽃이 하얀나라에서 이 땅에 처음 오던 날 산새들은 반갑다고 우짖었습니다 밥 먹고 물 먹고 비가 내려서 산에 들에 풀꽃으로 가득해졌습니다, 담배 먹고 술 먹고 키가 커서 하얀 나라가 그리워졌습니다 그리움을 안고 밤을 지새웠습니다. 그리고 그리움 곁에 외로움을 두었습니다 산에 들에 그리움과 외로움으로 가득해졌습니다 바람이 불었습니다 멀리서 떠나와 처음으로 본 것은 사람이었습니다 두려웠습니다 그날부터 날마다 나도 두려운 것이 되기를 기원했습니다 밥 먹고 물 먹고 얼마나 많은 밤을 지새웠는지 모릅니다 그러나 그것은 헛된 꿈이었습니다 풀꽃들은 제 가슴이 보이는 줄도 모르고 그리움과 외로움을 뒤에 숨기고 삽니다 세상은 꽃보다 그리움과 외로움이 더 많습니다 그것이 다 사랑입니다 산새들이 지저귑니다. 풀꽃나라, 여기가 이사야 제 11장의 동산인지도 모릅니다 무서운 것과 무서워 하는 것들이 같이 삽니다.

풀꽃나라

— 허튼 소리

풀꽃이 하얀 나라에서 이 땅에 처음 오던 날 산새들은 반갑다고 우짖었습니다 밥 먹고 물 먹고 비가 내려서 산에 들에 풀꽃으로 가득해졌습니다 담배 먹고 술 먹고 키가 커서 하얀 나라가 그리워졌습니다 그리움을 안고 밤을 지새웠습니다 그리고 그리움 곁에 외로움을 두었습니다 산에 들에 그리움과 외로움으로 가득해졌습니다 바람이 불었습니다 멀리서 떠나와 처음으로 본 것은 사람이었습니다 두려웠습니다 그날부터 날마다 나도 두려운 것이 되기를 기원했습니다 밥 먹고 물 먹고 얼마나 많은 밤을 지새웠는지 모릅니다 그러나 그것은 헛된 꿈이었습니다 풀꽃들은 제 가슴이 보이는 줄도 모르고 그리움과 외로움을 뒤에 숨기고 삽니다 세상은 꽃보다 그리움과 외로움이 더 많습니다 그것이 다 사랑입니다 산새들이 지저귑니다 풀꽃나라 여기가 이사야 제11장의 동산인지도 모릅니다 무서운 것과 무서워하는 것들이 같이 삽니다.

매미 소리

병원 대기실 구석에서
내 손을 잡고 잠놓아내는
곱게 늙었다 곱게
창밖에선 그놈의 늦매미가
"무어가 무어가" 하고 물어대고
(그놈들도 나처럼 혼놈이라
남의 일에 간섭하기 좋아한다)
귓속의 매미처럼 울면 안 되나
그것도 세상사인데
세상 돌아가는 대로 돌아가야지
창밖에선 늦매미가
"무어가 무어가" 하고 물어대고

매미 소리

병원 대기실 구석에서
내 손을 잡고 잠든 아내는
곱게 늙었다 곱게
창밖에선 그놈의 늦매미가
“무어가 무어가” 하고 울어대고
(그놈들은 나처럼 촌놈이라
남의 일에 간섭하기 좋아한다)
귓속의 매미처럼 울면 안 되나
그것도 세상사인데
세상 돌아가는 대로 돌아가야지
창밖에선 늦매미가
“무어가 무어가” 하고 울어대고

우체통

요즘 우체통도 빨간옷 입고 서 있고
예전 우체통도 빨간옷 입고 서 있고
그게 왜 쓸쓸한지 모르겠습니다

요즘 우체통도 하얀 모자 쓰고 눈 맞고
예전 우체통도 하얀 모자 쓰고 눈 맞고
그게 왜 쓸쓸한지 모르겠습니다

그래서 세상이 쓸쓸한 게 아닌지
그래서 세월이 쓸쓸한 게 아닌지
모르겠습니다.

기다리는 소식도 따로 없는데,
꿈속에 나타나는 우체통 두 개
~~나는 그 쓸쓸함이 그립습니다.~~
그 쓸쓸함도 사랑이었나 봅니다

우체통

요즘 우체통도 빨간옷 입고 서 있고
예전 우체통도 빨간옷 입고 서 있고
그게 왜 쓸쓸한지 모르겠습니다

요즘 우체통도 하얀 모자 쓰고 눈 맞고
예전 우체통도 하얀 모자 쓰고 눈 맞고
그게 왜 쓸쓸한지 모르겠습니다

그래서 세상이 쓸쓸한 게 아닌지
그래서 세월이 쓸쓸한 게 아닌지
모르겠습니다

기다리는 소식도 따로 없는데
꿈속에 나타나는 우체통 두 개
그 쓸쓸함도 사랑이었나 봅니다

낙엽에게

— 허튼소리

바람에게 이길 수 없을 때에는 바람이 되거나
아니면 몸을 돌돌 말아서 무저항의 저항을 하거나
하면 되는 거지 가급적 바람이 굴리는 대로 어느
구석까지 굴러가서 뒹굴고 있다가 상대가 지쳐서
손을 들고 가버리면 몸을 펴고 일어나 만세를
부르면 되는 거지 세상은 바람, 바람 잘 날이 없
으니 바람에게 순명할 방법을 찾는 것도 괜찮지
그게 다름 아니라 바람이 되거나 아니면 몸을 돌돌
말아서 무저항의 저항을 하거나 하는 거지

낙엽에게
— 허튼 소리

바람에게 이길 수 없을 때에는 바람이 되거나 아니면 몸을 돌돌 말아서 무저항의 저항을 하거나 하면 되는 거지 가급적 바람이 굴리는 대로 어느 구석까지 굴러가서 뒹굴고 있다가 상대가 지쳐서 손을 들고 가버리면 몸을 펴고 일어나 만세를 부르면 되는 거지 세상은 바람 바람 잘 날이 없으니 바람에게 순명할 방법을 찾는 것도 괜찮지 그게 다름 아니라 바람이 되거나 아니면 몸을 돌돌 말아서 무저항의 저항을 하거나 하는 거지

달과 박꽃

손가락질 받더라도
사랑 많이 ~~나우새~~하세요
욕을 좀 먹더라도
사랑꿈 많이 꾸세요

귀 기울이지 않아도
들리는 소리 소리

달과 박꽃

손가락질 받더라도
사랑 많이 하세요
욕은 좀 먹더라도
사랑 꿈 많이 꾸세요

귀 기울이지 않아도
들리는 소리 그 소리

이상한 꿈

—허튼소리

산새들이 날아와서 성황당에 제 그림자 하나씩 벗어놓고 날아가버렸다 길몽인지 흉몽인지 잠을 깨고 일어나 밤을 새운다.

왼발 세 번 굴러라 침 세 번 뱉어라

이상한 꿈
— 허튼 소리

산새들이 날아와서 성황당에 제 그림자 하나씩 벗어놓고 날아가 버린다 길몽인지 흉몽인지 잠을 깨고 일어나 밤을 새우다.

왼발 세 번 굴러라 침 세 번 뱉어라

청개구리 소리

— 허튼소리

우리집 정원에는 청개구리가 삽니다 솔직히 말해서 청개구리 소리가 삽니다 청개구리가 울면 비가 오신다는데 그것도 옛말입니다 날마다 청개구리가 울어도 비는 오지 않습니다 그래도 녀석의 얼굴이나마 한 번 보려고 주변을 서성이지만 천만에 절대 사절입니다 어떻게 하면 녀석과 친해질 수 있을까 해서 파리 한 접시와 술 한 잔 따라놓고 정성을 드려 보기도 하지만 요지부동 입니다 청개구리가 운다고 비는 오지 않습니다 때로는 화가 나서 결투를 신청하고 싶지만 박치기 한 번 못 해 볼 주제에 감히 덤빌 용기가 나지 않습니다 요즘 녀석은 얼굴은 커녕 손가락 하나 까딱하지 않습니다 그러고는 가끔 대낮에 더럭더럭 울어대는 고약한 녀석입니다 우리집 정원에는 청개구리가 삽니다 솔직히 말해서 청개구리 소리가 삽니다 녀석이 울고 있으니 비가 오실 겁니다 장맛비가 오실 겁니다 지 각시 천리빗길 달려온다 해도 더럭더럭 비는 ~~오는~~ 오실 겁니다

청개구리 소리
— 허튼 소리

우리집 정원에는 청개구리가 삽니다 솔직히 말해서 청개구리 소리가 삽니다 청개구리가 울면 비가 오신다는데 그것도 옛말입니다 날마다 청개구리가 울어도 비는 오지 않습니다 그래도 녀석의 얼굴이나마 한 번 보려고 주변을 서성이지만 천만에 절대 사절입니다 어떻게 하면 녀석과 친해질 수 있을까 해서 파리 한 접시와 술 한 잔 따라놓고 정성을 들여 보기도 하지만 요지부동입니다 청개구리가 운다고 비는 오지 않습니다 때로는 화가 나서 결투를 신청하고 싶지만 박치기 한 번 못 해 본 주제에 감히 덤빌 용기가 나지 않습니다 요즘 녀석은 얼굴은커녕 손가락 하나 까딱하지 않습니다 그러고는 가끔 대낮에 더럭더럭 울어대는 고약한 녀석입니다 우리집 정원에는 청개구리가 삽니다 솔직히 말해서 청개구리 소리가 삽니다 녀석이 울고 있으니 비가 오실 겁니다 장맛비가 오실 겁니다 지 각시 천리빗길 달려온다 해도 더럭더럭 비는 오실 겁니다

말조심 차조심

— 허튼소리

손녀딸과 손자놈이 놀고 있습니다 할아버지가 빈 차다 하고 손을 들었습니다 승차 거부 네 번씩이나 당하고 다섯 번째 빈 차가 서 주었습니다 그날 밤 할아버지는 할머니에게 사회 문제를 내 주었습니다 하나, 꼬부랑 할머니가 지팡이를 짚고 손을 들면 빈 차가 서 줄까요 안 서 줄까요 둘, 여든이 훌쩍 넘은 할아버지가 목욕 가방을 들고 손을 들면 빈 차가 서 줄까요 안 서 줄까요 빈 차가 서 줄 곳에 ○표 하세요 할머니는 너무 어렵다고 포기해 버렸습니다 손녀딸과 손자놈의 놀이는 시시하게 막을 내렸습니다

동네 목욕탕 다니는 일도 작은 일이 아닙니다 그리고 말조심도 해야겠습니다 목욕 다녀온 날 밤 끈 끔이긴 하지만 손놈들이 우리 이야기를 가지고 놀고 있잖아요 말조심 차조심 하십시다

말조심 차조심
— 허튼 소리

손녀딸과 손자놈이 놀고 있습니다 할아버지가 빈 차다 하고 손을 들었습니다 승차거부 네 번씩이나 당하고 다섯 번째 빈 차가 서 주었습니다 그날 밤 할아버지는 할머니에게 사회 문제를 내주었습니다 하나, 꼬부랑 할머니가 지팡이를 짚고 손을 들면 빈 차가 서 줄까요 안 서 줄까요 둘, 여든이 훌쩍 넘은 할아버지가 목욕 가방을 들고 손을 들면 빈 차가 서 줄까요 안 서 줄까요 빈차가 서 줄 곳에 ㅇ표 하세요 할머니는 너무 어렵다고 포기해버렸습니다 손녀딸과 손자놈의 놀이는 시시하게 막을 내렸습니다

동네 목욕탕 다니는 일도 작은 일이 아닙니다 그리고 말조심도 해야겠습니다 목욕 다녀온 날 밤 꾼 꿈이긴 하지만 요놈들이 우리 이야기를 가지고 놀고 있잖아요 말조심 차조심 하십시다

배꼽의 미소

— 허튼소리

나는 가끔 배꼽을 만진다 거기에 배꼽이 있어 만진다 왜 사람에게만 배꼽이 있는지 배꼽이 있어야만 사람인지 그것은 잘 모른다 다만 그러므로 오랑우탄은 인류의 조상이 아니라는 학설은 가설이 아니다 사람은 분유를 먹는 어린 아기들도 배꼽을 만진다 배꼽은 미소 짓는다 그래서 수상하다 오랑우탄보다는 더 수상하다 옛날 먼 옛날부터 대대로 이어온 미소. 그 안에는 하늘과 별과 뜨거운 사랑과 숨막히는 이야기가 있다 그 엄숙함. 미소 지을 일인가 그 미소는 사람의 자존심이 담겨 있다 사람이 떠난 자리에 풀과 나무와 토끼 사슴이 돌아온다 가져야 할 만큼만 갖는 것이 사람의 자존심이다 베풀어야 할 만큼 베푸는 것이 사람의 자존심이다 사람은 적어도 배꼽값은 해야 한다 그 미소 속에는 옛날 먼 옛날의 눈부처가 살아 계시다 나는 가끔 배꼽을 만진다 거기에 배꼽이 있어 만진다 그리고 배꼽의 미소와 만난다 잔잔한 것은 서글프다

배꼽의 미소

— 허튼 소리

나는 가끔 배꼽을 만진다 거기에 배꼽이 있어 만진다 왜 사람에게만 배꼽이 있는지 배꼽이 있어야만 사람인지 그것은 잘 모른다 다만 그러므로 오랑우탄은 인류의 조상이 아니라는 학설은 가설이 아니다 사람은 분유를 먹는 어린 아기들도 배꼽을 만진다 배꼽은 미소 짓는다 그래서 수상하다 오랑우탄보다도 더 수상하다 옛날 먼 옛날부터 대대로 이어온 미소 그 안에는 하늘과 별과 뜨거운 사랑과 숨 막히는 이야기가 있다 그 엄숙함 미소 지을 일인가 그 미소는 사람의 자존심이 담겨 있다 사람이 떠난 자리엔 풀과 나무와 토끼 사슴이 돌아온다 가져야 할 만큼만 갖는 것이 사람의 자존심이다 베풀어야 할 만큼 베푸는 것이 사람의 자존심이다 사람은 적어도 배꼽값은 해야한다 그 미소 속에는 옛날 먼 옛날의 눈부처가 살아계시다 나는 가끔 배꼽을 만진다 거기에 배꼽이 있어 만진다 그리고 배꼽의 미소와 만난다 잔잔한 것은 서글프다

별이 되기

이 푸른 별에서
둘이 부둥켜안고
두 눈 뜨고
뛰어내리는 것도 좋겠지만
너는 너대로 나는 나대로
두 눈 꼭 감고
뛰어내리는 것도 괜찮지 싶네
조금 두렵기는 해도
내가 책임지겠네

큰 별 하나면 어떻고
작은 별 둘이면 또 어떤가
거기가 하늘이고
우리는 거기서
별이 되는 게지

월간문학
10. 9

별이 되기

이 푸른 별에서
둘이 부둥켜안고
두 눈 뜨고
뛰어내리는 것도 좋겠지만
너는 너대로 나는 나대로
두 눈 꼭 감고
뛰어내리는 것도 괜찮지 싶네
조금 두렵기는 해도
내가 책임지겠네
큰 별 하나면 어떻고
작은 별 둘이면 또 어떤가
거기가 하늘이고
우리는 거기서
별이 되는 게지

바람의 언덕에서

— 허튼소리

달 속의 눈부처 우리 함께 떠나자 내 어머니 아버지가 바람이었으니 나도 바람이다 그래서 사랑하는 나의 눈부처 너도 바람이다 우리가 만나는 이 언덕에서 바람의 그림자와 바람의 소리가 갈라설 수 있니 그것은 내가 너를 버리는 것이 아니라 내가 우리를 버리는 것이다 나는 바람이다 ~~늙고 병든 바람이다~~ 그게 억울해서 떠나야 한다 그게 원통해서 떠나야 한다 동전 한 닢 입에 물고 떠나야 한다 ~~사랑하는 너 나의 눈부처야 먼 길을 떠나자~~ 우리 함께 꿈 밖으로 떠나가면 거기 어디 이사야 제11장의 동산에서 방황을 멈출 수 있을지 누가 아니 언젠가 그때 우리가 처음 만난 바람의 언덕에서 뜨겁게 뜨겁게 포옹할 수 있을지 누가 아니

바람의 언덕에서

— 허튼 소리

달 속의 눈부처 우리 함께 떠나자 내 어머니 아버지가 바람이었으니 나도 바람이다 그래서 사랑하는 나의 눈부처 너도 바람이다 우리가 만나는 이 언덕에서 바람의 그림자와 바람의 소리가 갈라설 수 있어 그것은 내가 너를 버리는 것이 아니라 니가 우리를 버리는 것이다 나는 바람이다 그게 억울해서 떠나야 한다 그게 원통해서 떠나야 한다 동전 한 닢 입에 물고 떠나야 한다 우리 함께 꿈밖으로 떠나가면 거기 어디 이사야 제11장의 동산에서 방황을 멈출 수 있을지 누가 아니 언젠가 그때 우리가 처음 만난 바람의 언덕에서 뜨겁게 뜨겁게 포옹할 수 있을지 누가 아니

유리꽃병

— 허튼소리

땅바닥에 의자를 놓고 앉으면 ~~뒷길~~ 다롱이 선 키하고
내 키가 비슷하고 ~~우리길~~ 애기동백 하고도 내 키가 비슷하다
키로는 남는 게 없어서 보시할 수 없으니 어쩌다 물 사발이나 떠서
나누어 마시는 것으로 마음을 대신하곤 한다네 그래로는 친구야 자네
키가 나보다 5센티나 더 크다 나보다 5센티나 더 크다네라고
덕담을 한다네 그럴 때면 우리가 나누어 가질 수 있는 선물이
무엇일까 생각해 본다네 유리꽃병 같은 마음은 깨지기 쉬운
가장 소중한 선물이 아닐까 다롱이하고 애기동백하고 키를 대보
면서 친구야 자네 키가 나보다 5센티나 더 크다 나보다 5센티나
더 크다네라고 덕담을 할 수 있지 아니한가 키로는 남는 게 없어서
보시는 못하고 말로만 마음을 대신한다네

유리꽃병
— 허튼 소리

땅바닥에 의자를 놓고 앉으면 다롱이 선 키하고 내 키가 비슷하고 애기동백하고도 내 키가 비슷하다 위로는 남는 게 없어서 보시할 수 없으니 어쩌다 물 사발이나 떠서 나누어 마시는 것으로 마음을 대신하곤 한다네 그리고는 친구야 자네 키가 나보다 5센티나 더 크다 나보다 5센티나 더 크다네라고 덕담을 한다네 그럴 때면 우리가 나누어 가질 수 있는 선물이 무엇일까 생각해 본다네 유리꽃병 같은 마음은 깨지기 쉬운 가장 소중한 선물이 아닐까 다롱이하고 애기동백하고 키를 대보면서 친구야 자네 키가 나보다 5센티나 더 크다 나보다 5센티나 더 크다네 라고 덕담을 할 수 있지 아니한가 키로는 남는 게 없어서 보시는 못하고 말로만 마음을 대신한다네

그 사람

— 허튼소리

더러가다 비치기는 해도 TV나 잡지에 그만 비췄으면 하는 사람의 얼굴이 자꾸 눈에 어른거린다 내가 오늘 보고 싶은 사람이 누군지 모르겠다 시골 사는 ~~내 친구 아무개가~~ 그 사람이 보고 싶은 것 같은데 너무 엉뚱한 사람이 자꾸 눈에 어른거려서 고개를 젓는다 이상하다 TV나 잡지에 나오는 사람이 아니라 그 사람이 그 사람 맞기는 맞는데 옛사람 같다 내가 보는 사람들은 다들 늙어버려서 나도 늙은 게 맞기는 맞다 그래서 그 사람도 늙은 게 맞기는 맞다

그 사람

— 허튼 소리

더러 가다 비치기는 해도 TV나 잡지에 그만 비쳤으면 하는 사람의 얼굴이 자꾸 눈에 어른거린다 내가 오늘 보고 싶은 사람이 누군지 모르겠다 시골 사는 그 사람이 보고 싶은 것 같은데 너무 엉뚱한 사람이 자꾸 눈에 어른거려서 고개를 젓는다 이상하다 TV나 잡지에 나오는 사람이 아니라 그 사람이 그 사람 맞기는 맞는데 옛사람 같다 내가 보는 사람들은 다들 늙어버려서 나도 늙은 게 맞기는 맞다 그래서 그 사람도 늙은 게 맞기는 맞다

자문자답

문 밖에 귀뚜라미가 울고 있는데
너는 슬프지도 않니

그리움이잖아요
외로움이잖아요

문 밖에 귀뚜라미가 울고 있는데
너는 왜 울지도 않니

사랑이잖아요
가을이 잖아요

문 밖에 가을이 와 있는데
너는 슬프지도 않니

떠날 거예요
갈 거예요

자문자답

문 밖에 귀뚜라미가 울고 있는데
너는 슬프지도 않니

그리움이잖아요
외로움이잖아요

문밖에 귀뚜라미가 울고 있는데
너는 왜 울지도 않니

사랑이잖아요
가을이잖아요

문밖에 가을이 와 있는데
너는 슬프지도 않니

떠날 거예요
갈 거예요

그리워서 그냥

교보빌딩 사거리
화단 경계석에 앉아서
오가는 가을바람을 봅니다
2번 시내버스 창가에 황시인
손을 흔들었더니
그냥 지나갑니다
가을사람 때문입니다
오가는 가을사람을 봅니다
가을도 바쁘고 가을사람도 바쁩니다
12번 버스 창가에 정교수
손을 흔들었더니
또 그냥 지나갑니다
가을바람 때문입니다
나는 오늘 가을과 별고픈
그리운 사람을 봅니다
길 건너 저쪽 세상엔
벌써 노을이 와 앉아 있습니다
그리워서 오늘밤은 별이 뜰 겁니다

그리워서 그냥

교보빌딩 사거리
화단 경계석에 앉아서
오가는 가을바람을 봅니다
2번 시내버스 창가에 함시인
손을 흔들었더니
그냥 지나갑니다
가을바람 때문입니다
오가는 가을사람을 봅니다
가을도 바쁘고 가을사람도 바쁩니다
12번 버스 창가에 정교수
손을 흔들었더니
또 그냥 지나갑니다
가을바람 때문입니다
나는 오늘 가을과 보고픈
그리운 사람을 봅니다
길 건너 저쪽 세상엔
벌써 노을이 와 앉아 있습니다
그리워서 오늘밤은 별이 뜰 겁니다

지팡이

— 허튼소리

나무부엉이가 꿈속에서 울었습니다 아내는 들었는지 모르지만 어머니가 다녀가신 것 같았습니다 그때서야 오늘이 어머니 기일이었지 하고 깨달았습니다 그러고 보니 아침에 혼자 외출한 아내가 미안해졌습니다 거실에 나가 아내의 지팡이를 보고 '절에 다녀와서 고맙다 수고 많았다' 하고 손을 잡아 주었습니다 그러고는 소파에 앉아서 잠깐 졸았습니다 나무부엉이가 다시 울었습니다

나무부엉이가 울면 너도 울어도 된다고 어머니는 말씀하셨습니다.

문학의 집 창작
'15. 12

지팡이

— 허튼 소리

나무부엉이가 꿈속에서 울었습니다 아내는 들었는지 모르지만 어머니가 다녀가신 것 같았습니다 그때서야 오늘이 어머니 기일이었지 하고 깨달았습니다 그러고 보니 아침에 혼자 외출한 아내가 미안해졌습니다 거실에 나가 아내의 지팡이를 보고 '절에 다녀와서 고맙다 수고 많았다' 하고 손을 잡아 주었습니다 그러고는 소파에 앉아서 잠깐 졸았습니다 나무부엉이가 다시 울었습니다

나무부엉이가 울면 너도 울어도 된다고 어머니는 말씀하셨습니다

달팽이 경

— 허튼소리

달팽이 보살 외나무다리 건너 가~~는다~~ 시네 오체투지
일보일보 발자국마다 지은 죄 다 내려놓고 세상 번
뇌 만큼 돌아야만 하는 苦행 삼천갑자 몇 번이나
넘을실까 ~~맞이 하는 것인가~~

~~이슬이 고맙고 그늘이 고맙고 감사합니다~~

달팽이 보살 외나무다리 건너 가~~는다~~ 시네 오체투지
일보일보 발자국마다 지은 죄 다 내려놓고 세상 번
뇌 만큼 돌아야만 하는 苦행 삼천갑자 몇 번이나
넘을실까 ~~맞이 하는 것인가~~

~~꽃이 고맙고 달이 고맙고 감사합니다~~

~~달팽이 보살~~ ……

달팽이 경
— 허튼 소리

달팽이보살 외나무다리 건너 가시네 오체투지 일보일보 발자국마다 지은 죄 다 내려놓고 세상 번뇌만큼 돌아야만 하는 고행 삼천 갑자 몇 번이나 넘으실까

달팽이보살 외나무다리 건너 가시네 오체투지 일보일보 발자국마다 지은 죄 다 내려놓고 세상 번뇌만큼 돌아야만 하는 고행 삼천 갑자 몇 번이나 넘으실까

인형놀이

그녀가 나를 보고 웃으면
나도 그녀를 보고 웃고
그녀가 나를 보고 눈을 흘기면
나도 그녀를 보고 눈을 흘기고
그러다가 갑자기
그녀가 나를 보고 웃을 때 나는
그녀를 보고 하얗게 눈을 흘긴다
뜻밖이다 싶어서 그녀가
다시 한 번 웃으면/나도
저를 보고 웃을 줄 알고/웃는다
나도 따라 웃는다/
그랬더니 그녀가 나를 보고
하얗게 눈을 흘긴다

이런 사람도 있었네 그대
그대가 보고 싶어서

목요시간 창작
'15. 12

인형놀이

그녀가 나를 보고 웃으면
나도 그녀를 보고 웃고
그녀가 나를 보고 눈을 흘기면
나도 그녀를 보고 눈을 흘기고
그러다가 갑자기
그녀가 나를 보고 웃을 때 나는
그녀를 보고 하얗게 눈을 흘긴다
뜻밖이다 싶어서 그녀가
다시 한 번 웃으면
나도
저를 보고 웃을 줄 알고
웃는다
나도 따라 웃는다
그랬더니 그녀가 나를 보고
하얗게 눈을 흘긴다

이런 사랑도 있었네 그대
그대가 보고 싶어서

이 명

귓 속에 매미
몇 마리나 사는지
어제는 '캐새키 캐새키'
욕을 하더니
오늘은 '메롱 메롱'
약을 올린다
그래 니 마음대로 울어봐라
나는 그 소리 되받아 주면
그만이지

'캐새키 캐새키'
'메롱 메롱'

이명

귓속에 매미
몇 마리나 사는지
어제는 '캐새키 캐새키'
욕을 하더니
오늘은 '메롱 메롱'
약을 올린다
그래 니 마음대로 울어봐라
나는 그 소리 되받아 주면
그만이지

'캐새키 캐새키'
'메롱 메롱'

가야산

— 해인사

가야산에 들어가면 거기
수행하는 산새들이 삽니다
경문 한 구절을 외웁니다
그 소리 너무 청아해서
어디에 와 있는지
두 손 모으게 됩니다
나는 하늘입니까 땅입니까
가야산에 들어가면 거기
경문 한 구절을 외우는
산새들이 삽니다
그 소리 너무 청아해서
슬퍼집니다.
나는 어제입니까 내일입니까

가야산

— 해인사

가야산에 들어가면 거기
수행하는 산새들이 삽니다
경문 한 구절은 외웁니다
그 소리 너무 청아해서
어디에 와 있는지
두 손 모으게 됩니다
나는 하늘입니까 땅입니까
가야산에 들어가면 거기
경문 한 구절은 외우는
산새들이 삽니다
그 소리 너무 청아해서
슬퍼집니다
나는 어제입니까 내일입니까

낙엽의 노래

바람 한 점 없이도
가을이 떨어집니다

가을는
겹도록 그립습니다

귀뚜라미는 낮부터
밤의 노래를 연주합니다

바람 한 점 없이도
가을이 떨어집니다

그대의 발자국입니다
겹도록 그립습니다

낙엽의 노래

바람 한 점 없이도
가을이 떨어집니다

가을은
겹도록 그립습니다

귀뚜라미는 낮부터
밤의 노래를 연주합니다

바람 한 점 없이도
가을이 떨어집니다

그대의 발자국입니다
겹도록 그립습니다

가을산이

— 단풍

호호호 웃음소리
하하하 웃음소리
가을산이
호호호 웃는다
하하하 웃는다
가을산은 이미
내 마음 알고 있는데
얼굴 붉힐 수밖에
마음 붉힐 수밖에

가을산이

— 단풍

호호호 웃음소리
하하하 웃음소리
가을산이
호호호 웃는다
하하하 웃는다
가을산은 이미
내 마음 알고 있는데
얼굴 붉힐 수밖에
마음 붉힐 수밖에

나는 술꾼입니다

—허튼소리

나는 술꾼입니다 형님이 말술 하셨고 조카도 두주불사 하였으니 의당 나도 술꾼이 맞습니다 나는 밤마다 술을 마시고 게걸대다가 어떤 무서운 힘에 의하여 철창 안에 내동댕이쳐지는 한심한 술꾼입니다 그래서 밤새도록 혼자서 누구 누구와 대작하면서 게걸대다가 울다가 하는 외로운 술꾼입니다 나는 악극개비의 아우이고 악극개비의 숙부이기 때문에 술꾼이 맞습니다 독주 옆에 있다가 맹물이 독주가 되기도 하는 세상입니다 좀 독하기는 독하지만 언제 술 한 잔 하십시다 여기 천안 맹물 맛은 쓸쓸합니다

나는 술꾼입니다.

— 허튼 소리

나는 술꾼입니다 형님이 말술 하셨고 조카도 두주불사 하였으니 의당 나도 술꾼이 맞습니다 나는 밤마다 술을 마시고 게걸대다가 어떤 무서운 힘에 의하여 철창 안에 내동댕이쳐지는 한심한 술꾼입니다 그래서 밤새도록 혼자서 누구누구와 대작하면서 게걸대다가 울다가 하는 외로운 술꾼입니다 나는 아무개의 아우이고 아무개의 숙부이기 때문에 술꾼이 맞습니다 독주 옆에 있다가 맹물이 독주가 되기도 하는 세상압니다 좀 독하기는 독하지만 언제 술 한 잔 하십시다 여기 천안 맹물 맛도 쏠쏠합니다

고래춤 퍼즐

— 허튼소리

어느 모임에 갔다가 뜻밖에도 李아무개를 만나 입이 심심해서 尹아무개가 李형 좋은 사람이라고 칭찬하더라고 했더니 시큰둥하고 말기에 곧이곧대로 전할 수가 없어서 어느 날 체육관에서 만난 尹아무개에게 인사로 그냥 李아무개가 尹형 좋은 사람이라고 칭찬하더라고 했더니 친목회 월례회 모임에서는 李아무개와 尹아무개 두 사람이 허허히히 고래춤을 추더라 늙은 놈이 치신머리 없이 좀 여우짓을 했지만 얼마나 보기 좋은 풍경인지 단풍놀이보다 낫더라 장난이 너무 심했나 싶었지만 술맛 나더라

왜 나는 올 가을에 쓸쓸할까 다들 가고 여기저기 빈 거리에 고래춤 퍼즐 조각들만 ~~숨어~~ 뒹굴고 있다

고래춤 퍼즐

— 허튼 소리

어느 모임에 갔다가 뜻밖에도 李아무개를 만나 입이 심심해서 尹아무개가 李형 좋은 사람이라고 칭찬하더라고 했더니 시큰둥하고 말기에 곧이곧대로 전할 수가 없어서 어느 날 체육관에서 만난 尹아무개에게 인사로 그냥 李아무개가 尹형 좋은 사람이라고 칭찬하더라고 했더니 친목회 월례회 모임에서는 李아무개와 尹아무개 두 사람이 허허히히 고래춤을 추더라 늙은 놈이 채신머리없이 좀 여우짓을 했지만 얼마나 보기 좋은 풍경인지 단풍놀이보다 낫더라 장난이 너무 심했나 싶었지만 술맛 나더라

왜 나는 올 가을이 쓸쓸할까 다들 가고 여기저기 빈 거리에 고래춤 퍼즐 조각들만 뒹굴고 있다

길이 있으면 가는 겁니다

그믐밤 하늘을 보아도
길이 보입니다
세상은 캄캄합니다
가라는 것입니까
가지 말라는 것입니까
떨어지는 별을 보면
길이 보입니다
끝은 알아서 무엇합니까
배꼽 있는 짐승도 짐승입니다
길이 있으면 가는 겁니다
세상은 캄캄합니다
그래서 인생은 방황 ~~입니다~~ 아닙니까
그믐밤 하늘을 보아도
길이 보입니다

길이 있으면 가는 겁니다

그믐밤 하늘을 보아도
길이 보입니다
세상은 캄캄합니다
가라는 것입니까
가지 말라는 것입니까
떨어지는 별을 보면
길이 보입니다
끝은 알아서 무엇합니까
배꼽 있는 짐승도 짐승입니다
길이 있으면 가는 겁니다
세상은 캄캄합니다
그래서 인생은 방황 아닙니까
그믐밤 하늘을 보아도
길이 보입니다

사랑 한 번 하십시다

우리 사랑 한 번 하십시다
오랑우탄에게도 없는 배꼽
그 귀한 배꼽 있는지 만져나 보시죠
배꼽값 그게 무어 별겁니까
주먹밥 한 덩이 물 한 컵 나누는 것
오랑우탄 업고 고개를 넘는 것
심청전 읽어 주는 것
쉽지만 쉽지만은 않은 사랑입니다
오랑우탄에게도 없는 배꼽
그 귀한 배꼽 있는지 만져나 보시죠
우리 사랑 한 번 하십시다

사랑 한 번 하십시다

우리 사랑 한 번 하십시다
오랑우탄에게도 없는 배꼽
그 귀한 배꼽 있는지 만져나 보시죠
배꼽값 그게 무어 별겁니까
주먹밥 한 덩이 물 한 컵 나누는 것
오랑우탄 업고 고개를 넘는 것
심청전 읽어주는 것
쉽지만 쉽지만은 않은 사랑입니다
오랑우탄에게도 없는 배꼽
그 귀한 배꼽 있는지 만져나 보시죠
우리 사랑 한 번 하십시다

참말이다 하면

풀벌레가 웁니다 풀이 웁니다
그 소리 신이 오르면
이때다 하고 영은사* 은행나무는
염불을 하십니다
거짓말이다 하면 거짓말이지 싶지만
참말이다 하면 참말이지 싶습니다
나도 마음을 벗고
춤추는 바람속으로 들어갑니다
달도 따라 들어옵니다
산이 웁니다 강이 웁니다
거기 세월뒤에 숨어 있는 이는 누구십니까
나는 오늘입니까 어제입니까
영은사 은행나무는 염불을 하십니다
참말이다 하면 참말이지 싶지만
거짓말이다 하면 거짓말이지 싶습니다
풀이 웁니다 풀벌레가 웁니다

※ 영은사 : 공주 공산성 안에 있는 사원

참말이다 하면

풀벌레가 웁니다 풀이 웁니다
그 소리 신이 오르면
이때다 하고 영은사* 은행나무는
염불을 하십니다
거짓말이다 하면 거짓말이지 싶지만
참말이다 하면 참말이지 싶습니다
나도 마음을 벗고
춤추는 바람 속으로 들어갑니다
달도 따라 들어옵니다
산이 웁니다 강이 웁니다
거기 세월 뒤에 숨어있는 이는 누구십니까
나는 오늘입니까 어제입니까
영은사 은행나무는 염불을 하십니다
참말이다 하면 참말이지 싶지만
거짓말이다 하면 거짓말이지 싶습니다
풀이 웁니다 풀벌레가 웁니다

* 영은사 : 공주 공산성 안에 있는 사원

늙은 대추나무

겨울잠을 자던 늙은 대추나무가
가만히 눈을 떴다가 감는다
밤 한 시가 지났는데 ...
눈을 감아도 잠이 오지 않는다
늙은 대추나무는 왜 가만히
눈을 떴다가 감았을까
눈이 내리는 하얀 어둠속을 누가
오시는가 누가 가시는가
그는 누구를 그리워하고 있는가
눈을 감아도 잠이 오지 않는다
겨울잠을 자던 늙은 대추나무가
가만히 눈을 떴다가 감는다

늙은 대추나무

겨울잠을 자던 늙은 대추나무가
가만히 눈을 떴다가 감는다
밤 한 시가 지났는데…
눈을 감아도 잠이 오지 않는다
늙은 대추나무는 왜 가만히
눈을 떴다가 감았을까
눈이 내리는 하얀 어둠속을 누가
오시는가 누가 가시는가
그는 누구를 그리워하고 있는가
눈을 감아도 잠이 오지 않는다
겨울잠을 자던 늙은 대추나무가
가만히 눈을 떴다가 감는다

아름다운 초대

저녁밥 잘 먹고
친구집에 마실 가듯
갔으면 싶습니다
폐가 안 된다면
한 열흘쯤 에 이웃에게
엽서나 보내면 어떨지 싶고
고맙습니다
반갑게 맞아주는 아름다운 초대
눈물방울 만한 영혼 하나
거기 어디 쉴 곳 없겠습니까

아름다운 초대

저녁밥 잘 먹고
친구 집에 마실 가듯
갔으면 싶습니다
폐가 안 된다면
한 열흘쯤 뒤에 이웃에게
엽서나 보내면 어떨지 싶고
고맙습니다
반갑게 맞아주는 아름다운 초대
눈물방울만한 영혼 하나
거기 어디 쉴 곳 없겠습니까

그리운 소리

산새는 하늘을 보고 웁니다
그리운 소리입니다.
천년 만년 전의 산새소리 맞습니다
산새는 하늘을 보고 웁니다
바람은 날마다 산새를 유혹해
어디로 떠나는 것입니까
거기가 어디고 그 다음은 어디입니까
그렇습니다
산새가 있는 곳이 산입니다
산새는 하늘을 보고 웁니다
그리운 소리입니다.
천년 만년 후의 산새소리 맞습니다

그리운 소리

산새는 하늘을 보고 웁니다
그리운 소리입니다
천년만년 전의 산새소리 맞습니다
산새는 하늘을 보고 웁니다
바람은 날마다 산새를 유혹해
어디로 떠나는 겁니까
거기가 어디고 그 다음은 어디입니까
그렇습니다
산새가 있는 곳이 산입니다
산새는 하늘을 보고 웁니다
그리운 소리입니다
천년만년 후의 산새소리 맞습니다

늙는다는 것은

— 허튼소리)

"아리랑 아리랑 아라리요 아리랑 고개를 넘어간다※"
진도가 내게 가르쳐 주었다 늙으면 아무것도 보지 말고
아무것도 듣지 말라고, 입은 고구마나 라면 끼니 때울 때
만 쓰고 손은 핸드그립으로 발을 바를 때나 쓰는 것이
라고. 그리고 또 집도 잘 지켜야 하지만 주인을 모실 때
에는 꼬리치는 법도 절대 잊어서는 안 된다고 귀띔해
주었다 그런 진도를 늙었다는 이유로 조카에게 보내고
~~할 때~~ 나는 공황상태에 빠져버렸다 어쩌나 이 가슴
팔십여 평생 미시령 제일봉에 살아 천년 죽어 천년
주목 그 꽂꽂함, 어쩌나 내 몸 내 맘 나를 버리고 흔들흔들
흔들리네 "가시는 임은 십리도 못 가서 발병 나지※" 그래
아무것도 보지 말고 아무것도 듣지 말고 늙었다는 것은

※ 민요 '아리랑'에서

미시령 제일봉에서

나는 바람입니까
드디어 여기에 와서 앉아 있습니다
부처님 곁에 앉아 있는 게 아니라
내 곁에 부처님이 앉아 계십니다
너를 버리면 된다 니가 나를 버리면
된다 하시면
산 속에 내가 있는 게 아니라
내 속에 산이 들어와 있습니다
내가 당신을 버리는 것과 당신이
나를 버리는 것이 공평하면
산새가 철새도 될 수 있습니까
드디어 내가 여기에 와 있습니다
나는 바람입니까 철새입니까

바닷가에서

바다는 왜
이리 오라 이리 오라 하다가
저리 가라 저리 가라 하는가
바다는 왜
저리 가라 저리 가라 하다가
이리 오라 이리 오라 하는가
이 두려움
세월이 얼마 만큼 지나야만
그리움이 될까
저기 홀로 서 있는
저 사람처럼
멀어서 그립고 가까워서 그리운
외로움이 될까

바닷가에서

바다는 왜
이리 오라 이리 오라 하다가
저리 가라 저리 가라 하는가
바다는 왜
저리 가라 저리 가라 하다가
이리 오라 이리 오라 하는가
이 두려움
세월이 얼마만큼 지나야만
그리움이 될까
저기 홀로 서 있는
저 사람처럼
멀어서 그립고 가까워서 그리운
외로움이 될까

실소

—허튼소리

잠깐 원탁에 앉아서 신문을 보다가 서재에 가서 책을 찾기도 하고 소파에 기대어 졸기도 하고 집안 구석구석 다녀보다 점심 때가 되어 밥을 먹다가 아무래도 발이 이상해서 발을 보았더니 슬리퍼 한짝이 없다 한나절 동안 한짝 슬리퍼만 끌고 다닌 것 같아서 거꾸로 동선을 되짚어 보다 원탁 밑에 외로이 다른 한짝이 있다 짝을 찾아주고 슬리퍼 없이 맨발이 되다 친목회에 가서 친한 친구에게 그 이야기를 했더니 그 친구 목욕탕에 가서 그것 한쪽 두고 오는 것 아니냐고 '시인은 시인'이라고 큰 소리로 핀잔 아닌 핀잔을 주는 바람에 좌중이 한바탕 박장대소하다 집에 와서 제일 먼저 화장실에 들어가 가만히 그걸 만져보다 그리고는 혼자 실소하다

실소
— 허튼 소리

잠깐 원탁에 앉아서 신문을 보다가 서재에 가서 책을 찾기도 하고 소파에 기대어 졸기도 하고 집안 구석구석 디너보다 점심때가 되어 밥을 먹다가 아무래도 발이 이상해서 발을 보았더니 슬리퍼 한 짝이 없다 한나절 동안 한짝 슬리퍼만 끌고 다닌 것 같아서 거꾸로 동선을 되짚어 보다 원탁 밑에 외로이 다른 한 짝이 있다 짝을 찾아주고 슬리퍼 없이 맨 발이 되다 친목회에 가서 친한 친구에게 그 이야기를 했더니 그 친구 '목욕탕에 가서 그것 한 쪽 두고 오는 것 아니냐'고 '시인은 시인'이라고 큰소리로 핀잔 아닌 핀잔을 주는 바람에 좌중이 한바탕 박장대소하다 집에 와서 제일 먼저 화장실에 들어가 가만히 그걸 만져본다 그리고는 혼자 실소하다

공허

— 허튼소리

가끔 공허할 때가 있습니다 내 안에 간직했던
이빠진산이 어디 가고 흑성산 세성산도 사라졌습
니다 목천학교도 면사무소도 안 보입니다 친구나
친지는 고사하고 담임선생님도 화를 내며 돌아가셨
습니다 불을 끄고 싶습니다 그러나 불은 제철로
꺼져야만 어둠이 옵니다 내가 어둠이 될 때까지
어떻게 기다릴 수 있을까요 그리움과 외로움은
나를 비우는 게 아니라 나를 그리움과 외로움으로
채우는 것입니다 ~~그 안에~~ 그래서 내 안에 있던
모든 것이 어디로 가버린 것 아닌지 모르겠습니다
가끔 공허할 때가 있습니다

공허

— 허튼 소리

가끔 공허할 때가 있습니다 내 안에 간직했던 이빠진산이 어디가고 흑성신 세성신도 사라졌습니다 목천학교도 면사무소도 안 보입니다 친구나 친지는 고사하고 담임선생님도 화를 입어 돌아가셨습니다 불을 끄고 싶습니다 그러나 불은 저절로 꺼져야만 어둠이 옵니다 내가 어둠이 될 때까지 어떻게 기다릴 수 있을까요 그리움과 외로움은 나를 비우는 게 아니라 나를 그리움과 외로움으로 채우는 것입니다 그래서 내 안에 있던 모든 것이 어디로 가버린 것 아닌지 모르겠습니다 가끔 공허할 때가 있습니다

〈가족과 제자들이 선정한 대표작〉

2부

책을 읽고 있는 아내

감자꽃

감자꽃,
니가 어디 꽃이니,
눈물이지.
닦아도 닦아도 지울 수 없는
우리 아줌니
핏속에 스며든 햇빛과
달빛과 별빛
그리고, 아무도 모르는 죄 하나
눈감고 있구나.
감자꽃,
니가 어디 꽃이니,
눈물이지.

강관옥의 그림

어느 날 갑자기 꿈속에 찾아와서
그림 한 폭 그려 놓고
네 부처님, 네 예수님 소리를
연발하는 자는 누구인가.
왜, 해와 달을 함께 그려 놓았을까.
왜, 청록색 게 두 마리를 그려 놓았을까.
반은 그가 미쳤고
반은 그림이 미쳤고
그래서 완전히 미쳐 버린 세상,
그 속에 들어가 있는 자는 누구인가.
또 어느 날 갑자기 개구리를 타고
그림 밖으로 뛰쳐나와서
폴딱폴딱 자리를 옮겨가며
별들을 희롱하는 자는 누구인가.
어쩌다 눈이 마주치면 언제나
네 선생님, 네 선생님 소리를
연발하는 자는 누구인가.

겨울바람

몽고(蒙古) 가락이 아니다.

갈비뼈가 드러난 고려(高麗)의
지붕 위에서
칙서(勅書)를 읽는
겨울바람.

휘파람을 불다가
입이 길어진
빈 소주병(燒酒甁)

곁에서 밤새 춘향전(春香傳)의
봉서(封書)를 읽는
겨울바람.

시베리아 가락이 아니다.

수용소(收容所)
천막촌(天幕村) 하늘에 쓴
이형(李兄) 김형(金兄)의
친서(親書)를 읽는
겨울바람.

귀신(鬼神)의 가락이 아니다.

동상(銅像)이 듣는
겨울바람
구절(句節) 구절(句節)
수절(守節)하는 마을의 긴 긴
열두 밤을 넘긴다.

겨울비

겨울비가 앞서서
바다를 건너가시네.

이승길
하룻밤 길 배 띄우시고,
배따라기 목청 찢어
펄럭이게 두시고.

겨울비가 앞서서
바다를 건너가시네.

깨진 달, 외짝 신발
구름 속에 버리시고
별당에 촛불
그냥 켜 두시고.

고장난 벽시계

— 허튼소리

고장난 벽시계를 보고 놀고 있다 손자놈은 시계가 가지 않는다 하고 손녀딸은 시간이 가지 않는다 하고 우기고 있다 둘 다 굽힐 생각이 없다 손자놈이 할아버지 내 말이 맞지 하면 그래 니 말이 맞다 하고 손녀딸이 할아버지 내 말이 맞지 하면 그래 니 말이 맞다 하고 그 말장난에 나도 끼어든다 그 재미도 쏠쏠하다

손자놈의 말도 맞고 손녀딸의 말도 맞고 또 어느 성인의 화법을 흉내낸 내 대답도 틀리지 않은 것 같은데 이제 두 놈들이 다 커버렸다 오늘은 파리랑 놀고 있다 파리 한 마리 내 콧등에 앉았다가 날아오르고 내 이마에 앉았다가 날아오르고 계속 나를 희롱한다 그 재미도 쏠쏠하다

내 시간은 이미 멈추어버렸지만 종이비행기 접어서 날려 보내고 싶다 유년의 하늘은 너무 푸르다

꽃노을

이승길과 저승길을
노을로 헤매다가
우박으로 내려와서 펄펄 뛰다 죽었네
이제는 자백하거라
누구에게 던진 돌인가

눈이며 비 우박
그게 다 흐름 아닌가
푸나무에 내리면 꽃이 되고 열매 되네
낯붉힌 꽃노을이여
이승길이 저승길일세

꽃이

— 1997

이 청청한 날에
나는 있느냐.
꽃이 그대로 꽃이 아닐세.
하늘을 건너오는
아기부처의 발자욱소리,
절룩거리지만 않는다면, 초원에서
달게 달게 잠을 자겠네.
몸뚱이 밖으로 꿈이 돋아나고
피어나서 또 한세상
살고, 한세상 또 살고.
나는 있느냐.
그때, 그 청청한 날에
그리워 내가 그리워서
꽃이 그대로 꽃이 되겠네.

나무에게

산에 올라가 소리치다.
나무가 되고 싶어서 나무 된 나무
손들어 보아라.
나무들은 죽어서도 손을 들고 있지만,
그 뜻이 누구 뜻이든 우리 뜻이다.
너희들 중에 누가 산이냐.
누가 나무냐.
세상은 우리들, 되물음 받는
우리들의 상처뿐이지만,
어디까지가 나무냐. 누가 숲이냐.
산에 올라가 소리치다.
나무가 되고 싶어서 나무 된 나무
손들어 보아라.

낙엽 · 1

고독만한
바위가 있네.
그 침묵을 능가할
소리가 있네.
세상 끝에 웅크리고 있는
허망 그 부근
나보다 더 커버린
침묵이 있네.
손가락질하면서 날 희롱하는
낙엽, 그 중심에,
바위만한
고독이 있네.
그 침묵을 능가할
소리가 있네.

낙엽 · 2

여보시게.
고개 들지 마시게.
드러난 사금파리는
여린 햇살에도 쉽게
흥분하지만,
발을 구르지 마시게.
세상은 너무 밝아서
눈이 부시지 않으신가.
여보시게.
고개 들지 마시게.
가을 깊은 숲속을
불어오는 바람,
그냥 허무로 완성하시게.
기도하시게.

낙엽 · 3

눈을 뜨지 마시게.
빤짝거리는 것이 있네.
비가 오시네.
단 한 번 마주친 인연으로도
한평생 눈에 남는 것,
보이는 것은 아니지만
빤짝거리는 것이 있네.
비가 오시네.
눈을 뜨지 마시게.
산속에 남아서 그대로
어둠이 되시게.
기도가 되시게.

낮달이나 등에 지고

달아나기.
낮달이나 하나 등에 지고
멀리멀리 달아나기.

뒤돌아보기 없기.
천년만년 가슴치기 없기.

달아나도 달아나도
앞으로 나가지지 않으면,
그냥 그대로
제자리걸음이라도 계속하기.

천년만년, 낮달이나 등에 지고
다람쥐 쳇바퀴 돌리기.
사랑하기 없기.

너무 작은 이야기
— 허튼소리

나보다 조그만 놈이 나보다 큰 소리로 짖는다 요것 봐라 나도 큰 소리로 그놈을 짖는다 그랬더니 멈칫멈칫 두어 발 물러서서 갸우뚱 갸우뚱 나를 살핀다 이런 개도 있었던가 별것이 아닌 것이 아니다 그놈이 바람난 모양이다 짐짓 내가 두어 발 물러서는 척하면 그놈은 나를 보고 저보다 큰놈이 조그만 저를 보고 비실비실 도망친다 요것봐라 재미있다 재미있다 큰 소리로 더 큰 소리로 나를 공격하는 척할 것이다 그러다가 눈이 맞아 사랑했을지도 모른다 별것이 아닌 것이 아니다 나를 보고 짖는 조그만 그놈이 나를 바람나게 한다

그놈의 목줄 길이와 내 목줄 길이가 별반 차이가 없다 이 목줄의 수수께끼가 어느 날 갑자기 풀리면 그놈도 나도 잊혀지는 작은 바람이 될까 꿈이 될까

노을

왜 우리는
얼굴을 붉히니.
왜 우리는
얼굴빛을 바꾸니.
우리는
무엇이니.

녹차

비 오는 날에는
방안에 앉아 있어도
어깨가 젖습니다.
풍경화 속의 산마을에도
비가 내리고
가슴이 젖습니다.
녹차 한 잔 어떨까요.
침묵 속으로 들어와서
눅진 마음
빳빳하게 풀기 세우는
한 잔의 산빛 온기
둘이 아니어도 되는, 그래
혼자라도 괜찮은
시간 밖의 시간을 살게 합니다.
녹차 한 잔 어떨까요.
꿈이 있던 자리에 돋아나는
작은 공허는, 비 오는 날
피우지 못한 무지개
거기, 그 산마을에 여태
살고 있습니다.

달

어머니가 이고 가신
눈물 항아리
절에 가면 있을까,
거기 가면 있을까.
옛날 옛날 그 옛날에
훗날 훗날 그 훗날에
거기 가면 있을까,
어디 가면 있을까.
어머니가 묻어 두신
눈물 항아리
달에 가면 있을까,
거기 가면 있을까.

달팽이 외나무다리 건너기

— 허튼소리

달팽이보살 외나무다리 건너가신다 시간도 없고 세월도 없으신지 느릿느릿 건너가신다 삼각산 돌부처도 바람이 드시면 봉두난발하고 바람같이 외나무다리 건너가신다는데 돌아오시는 길은 필시 저런 달팽이 걸음 아니었을까 싶다 민둥머리 쓰다듬으며 허 참, 얼마나 민망하셨을까 외나무다리 건너가시는 달팽이보살 흉내짓이든 돌아오시는 삼각산 돌부처 흉내짓이든 오늘은 내가 외나무다리 건너가고 싶다 차마 건너오고 싶다

당신의 심장은 안녕하십니까

심장의 박동소리가 들리십니까
아직은 환청이겠지만
떨어지는 나뭇잎이며 흩어지는 바람 속에
출발을 준비하는 심장들이 숨어 있습니다
하늘 한 조각씩 이고 살기를 원하는
심장들은 벌써 뛸 준비를 마치고
출발신호를 기다리는 중입니다
사람들을 조심하십시오
사람들은 날마다 신선한 심장을 식탁 위에 올려놓고
칼과 포크로 성찬을 즐깁니다
오늘 아침 당신은
몇 개의 심장으로 만복하셨습니까
당신의 뱃속에서 착각으로 오작동했다가
정지하는 심장의 비명이 들리십니까
천둥과 먹구름 속에도 들립니다
아직은 환청이겠지만
심장의 박동소리가 들리십니까
나는 아침마다 나 혼자서
내 심장을 만나기 위해
은밀한 곳에서 기다리고 있습니다
당신의 심장은 안녕하십니까

마곡사(磨谷寺)에서

눈을 감으면 너는 여기 있는데 눈 부릅뜨고 나는 여기서 너 보기를 기다린다

달밤도 있더라 여우가 시집가는 날도 있더라 태양을 까맣게 먹칠하고 절망하던 날도 있고 바람난 개가 돌아오지 않아 하얗게 새운 밤도 있더라

모든 게 여기 있는데 나만 왜 여기 없느냐 여기 웬 초라한 늙은이가 어슬렁거리긴 하지만 아무도 그를 알아보지 못한다 너도 아니고 나도 아니다 그래서 나는 눈 부릅뜨고 여기서 너 보기를 기다린다

사천왕의 변이 아니다 나는 눈 부릅뜨고 여기서 너를 보고 싶다 나는 아직 울고 싶지 않다

망부석 · 1

구천을 떠도는 자네 사내 잡아다가
꼭 하룻밤만 자네 몸에 묶어 둠세
이제는 자식 하나 얻으시게
자네 아이로 태어나 자네 손잡고
나도 함께 천세 만세
아비를 기다리는 돌이 되겠네.

망부석 · 2

이천 년 기다렸으니
삼천 년은 못 기다릴까.
돌도끼 날 세워
저 달을 찍어비릴 게다.
두 눈 후벼 파서
까마귀에게 던져버릴 게다.
그때는 너를 다시는 안 본다.
저승 가서도 안 본다.
돌아오라. 내일 말고 오늘
내일 말고 오늘
돌아오라. 이 문둥아.

망부석 · 3

하늘을 보면서 얼마나
더 기다려야만 그리움이
바람 되어 돌아와 있음을 알게 될까.
자네가 사는 건
꿈인 줄 알면서도 천년만년
기다리는 것 그리워하는 것.
돌이 되어 살아도 자네는
그리워할 수 있어서
행복하시네, 아니 그런가.

묵상(默想)

산을
바라보고 있으면
산이 될까.

산속에
들어가 있으면
산이 될까.

큰스님 말씀대로라면
틀림없다.

눈감고 있으면
산이 된다.
산이 된다.

바다

어둠을 긷는
물소리에
잠을 깨다.

창(窓)밖 아침
해의 주변(周邊)에 모이는
청동색(靑銅色) 생명(生命)의
사금파리.

어려서 육지(陸地)를 떠난
거대(巨大)한 동경(憧憬)이
죽어서
바다 위에 뜨고,

집을 나간 게의
손을 들게 한
질문(質問)
한 둘이…

흰 돛을 올리고
돌아온다,
돌아온다.

바람 생각

벽을 상대하고 앉는다.
바람이 생각난다.

언제라도 그만
끝내도 되는 이야기.

풍경화 속에 진행되는
나뭇잎의 낙하를 본다.

고독이
향긋하다.

이쯤해서 끝내도 되는 이야기
바람의 이야기.

벽을 등지고 앉는다.
바람이 생각난다.

바람소리

흘러가는 것들은 모두
푸르른 바람소리를 낸다.
강물이 그렇고 세월이 그렇다.
저승에 살면서 저승이 아니라고 사는
노불은 개안 후에야
이승이 작은 걸 보시게 될까.
세월의 날갯소리
푸르른 바람소리를 낸다.
이승에 살면서 이승이 아니라고 사는
노불은 열반 후에야
저승이 이승만 하다는 걸 아시게 될까,
흘러가는 것들은 모두
푸르른 바람소리를 낸다.

바람아 바람아

놀다 가거라.

오늘은 별 날도 아닌데 엉아야.
동평리(東坪里)

내깔이 보인다. 내 어린 발 적신
꼬부랑
뒷길 꽃 사이로 풋바람 보인다.

놀다 가거라.

예전엔 내가 널 업었지, 외딴집
계집애.
온종일 숨어 있다 못해 내가 널
「면장(面長)님
부면장(副面長)님」 했지, 계집애 바람아.

놀다 가거라.

발 그리기

도화지 위에 4B 연필과
모양이 닳아 없어진 지우개를 놓고
일어서다가 그만
지우개를 떨구어 버렸다.
발도 없는 것이 재빠르다.
굴러서 침대 밑으로 얼른 숨어 버린다.
저것도 다 사는 재주가 있구나.
발 없는 말이 천 리 가는 까닭을 알겠다.
너 느린 과거에서 온 듯한
발이 많은 갑각류의 벌레들도
빨리 산을 내려가려면
발을 넣고 몸을 말아서 굴러 버린다.
그래야만 단숨에 산을 내려갈 수 있다.
발이 없는 것이 발이 있는 것보다
빠르다는 건 거짓말이 아니지만
사람은 사람의 속도로 살면 안될까.
도화지 위를 걸어가는 발을 그리자.
발을 생략하지 말라.
이유가 있다.
저 지우개는 발이 없어서 다시는
세상에 나오지 못한.

별

별밤이 그립다.
생각할 것이 있다.
멀리 있는 일
작아 보이는 일
쉽지 않다.
하늘도 마음도
변덕스러워서
멎은 듯 흐르는 일
흐르는 듯 멎는 일
쉽지 않다.
별밤이 그립다.
생각할 것이 있다.

산(山)

자꾸 보고 있으면 죄(罪)스러워져서
두려워져서
다가서지도 못하고
물러서지도 못하는,
산(山).

그래서 사람들은
산(山) 아래 고향(故鄕)
마을까지밖에 못 들어간다.

슬하(膝下)에 앉아 있으면 송구(悚懼)스러워져서
죄(罪)스러워져서
물러나지도 못하고
다가앉지도 못하는,
아버지.

그러나 아버지는 산(山)에서 사신다.
어쩔 수 없다, 나는
산(山)이 되기까지
슬하(膝下)에서
송구(悚懼)스러울 수밖에.

산사일기(山寺日記) · 5

집에서 그림자 하나 따라와
숨어서 산다.
뒤 아니면 앞 어디쯤
보일락말락한 곳에 숨어서
나를 따라 다닌다.
텅 빈 산사(山寺), 낮잠 속을
살짝 꼬부라져서
느닷없이 뒤돌아 서 보고,
눈치 채지 못하게
빠져 나와 본다.
아니나 다를까. 숲속
이곳 저곳에서 한 마당
쇠소리로 자즈러진다.

산사일기(山寺日記) · 6

산속을 흐르는 물에
발을 담그고 있으면
바다까지 이어져서
큰 배를 타고
하늘로 해서 둥글게
둥글게 다시 돌아온다.
어떤 땐 부처님
낮잠 속으로 떨어지고
또 어떤 땐
뒷간에 떨어지기도 하지만
깜짝 놀라 깨면
산 속을 흐르는 물에
발을 담그고 있다.

산사일기(山寺日記) · 10

하루 종일 산속을 헤매다가
돌아왔다.
아무것도 찾지 못했다.
하산하기로 하고
법당(法堂)에 앉았다.
내가 찾는 것은 그 흔한
꽃이거나 꽃잎에 사는 이슬,
눈만 뜨면 어디에나 있는
허무(虛無).
절을 올렸다.
부처님과 악수를 나누고
하산했다.

산사일기(山寺日記) · 11

집을 떠나올 때와 같이
산(山)을 떠나왔다.
그날 밤, 산(山)이 찾아와 나를
산(山)속에 두었다.
집을 떠나오면 집이 따라와
나를 집에 두고,
인연은 어렵다. 인연은
눈물 많은 사람에겐
너무 어렵다.

산새의 울음기도
— 허튼소리

우리집에 찾아오는 산새는 아침에도 울고 저녁에도 운다 이 세상 모든 것과 내가 아직 옷이 없었을 때 나는 어떻게 기도했을까 세상에는 웃음과 울음 두 가지의 기도밖에 없는데 나는 아침에는 웃고 저녁에는 울었을까 웃음은 너무 어렵다 우리집에 찾아오는 산새는 아침에도 울고 저녁에도 운다 산속에 들어가 눈물로 사람냄새를 지우고 나면 나도 저렇게 울 수 있을까 산새의 울음으로 기도하고 싶다

산촌(山村) · 1

광녀가 묵고 간 폐가
마당귀에
홁발로 서서 웃는 해바라기
고개 돌리고 있다.
산감이 익어가는 가을
한나절 내내
개가 짖는다.

산촌(山村) · 2

텅 빈 산촌에
가을 삽자리 한가롭나.
그늘에 앉아 있으니
눈이 감긴다.
아무도 없는 게 아니다.
어디서 도란도란
이야기 소리 들려온다.

산촌(山村) · 3

여승 두어 분이
지나간다.
맨살이 드러난 따비밭머리
송장메뚜기가 사랑을 나눈다.
연지 찍고 곤지 찍고
지붕 위의 늦고추야.
초가을 산촌은 더욱
수줍다.

산촌(山村) · 4

산속에 있으니
좋은 일뿐이다.
구름은 눈을 씻어 주고, 바람은
귀를 씻어 준다는 말
참말이다.
빛깔마다 소리마다 모두
깨끗하다.
밤비 때문인가, 이슬 때문인가.
빈둥거리지 말자. 산에서
시 한 수 얻어오는 일
밥값은 안 되지만
괜찮은 일이다.

산촌(山村) · 5

눈이 오시려나,
산새가 산 밖을 우짖는다.
누가 오시려나.
산속에 들어와야 산을
볼 수 있지만
벌써, 바람이 산을 내려간다.
고운 옷 입고
예쁜 발자국 남기고.
누구신가, 이제 오시려는 이.
목기러기 알 까거들랑 오시지.
왜 벌써 오시려는가.
허공을 짖는 개야.
눈이 오시려나,
누가 오시려나.

삽살개

— 허튼소리

우리 외할머니는 바람 속에 계십니다 그 곁에 동자승도 계십니다 어쩌다 늙은 삽살개가 짖는 날엔 하늘을 보고 저놈은 또 귀신 보고 짖는다 하시던 외할머니 백수를 넘기신 당신에게도 안 보이는 저승사자를 늙은 삽살개가 본다고 믿으셨습니다 그래서 늘 늙은 삽살개의 짖는 소리에 민감하셨습니다 정신이 깜빡해질 때에는 나를 동자승으로 착각하기도 했지만 바로 내 손을 잡고 내 이름을 되풀이 해 부르시던 외할머니 왜 바람 속에서 웃고 계실까요 동자승은 또 왜 곁에 계실까요

그런데 나를 외면하는 삽살개 그놈 생각만 하면 잠이 오지 않습니다

새 · 1

내버려 두었더니
울었다.

새장 속의 새는
세상사는 법을 알았다.

새장 속에
세상을 가져와 살면
세상이
새장 속에 들어온다.

내버려 두었더니
먹었다.

새 · 2

고갯마루에 서서
날아간 새의
뒷모습을 본다.
세월이 내 곁에 와서
잠시 머뭇거리다가
내려간다.
바람이 베푸는 대로 춤을 추는
갈대밭을
지나는 세월은 백발이다.
하늘
끝끝으로 날아간 새,
내 곁이 이렇게 크게
자리가 나는 날은
더 가깝게 네가 보인다.
안 보인다.

새 · 3

아내는 산(山)으로
울러 갔다.
새장 속의 새는
하늘을 끌어 내리고
운다.
어쩌다
도시(都市)로 울러 오는 새가
있다.
만났을까, 만났을까.
아내는 산(山)으로
울러 갔다.

소곡집(小曲集) · 1

불을 끄랴.
할미는 이 세상
슬픔만한 크기로
어둠을 오리고 또 오려서
머리맡에 접어 두고
기침을 한다.
구운 돌이,
구운 돌을 깨뜨리는 쓰라림이
어미의 앉은잠 속에 떨어져
아이 떨어지겠다, 불을 끄랴.
동네 쥐 한 패거리
가난을 쪼아먹다가
옆집으로 몰려가고,
잘 익은 잠 하나
겨울 수수밭에 서서
아비를 기다린다.
불을 끄랴.

소곡집(小曲集) · 2

밤마다 흰 볏
학(鶴) 한 마리
뒤꼍에 내려와
학(鶴)춤을 춘다.

물 한 사발 떠 놓고
큰절 한 번 올리고.

니 어미한텐 말 못하고
니 아비한텐 말 못하고
뒤꼍 신주한테나 말한다.

물 한 사발 떠 놓고
큰절 한 번 올리고.

소곡집(小曲集) · 3

달이
하늘에 얼어붙은
밤엔
빈 몸, 빈 마음이
되지 못했지.

이웃 마을에만
달이 뜨고
타동네 개가 짖는 밤엔
더더욱
빈 몸, 빈 마음이
되지 못했지.

심란해서
어둠이 굴리고 온 고요를
벗기고 또 벗겨도
빈 몸, 빈 마음이
되지 못했지.

소리가 있는 풍경(風景) · 1

빈 박스가 쌓여 있었다.
무연탄 더미에서 놀던 한 떼의 새들이
날아와 떠들고 있었다.
통나무 더미에도 한 떼의 소리가 분분했다.
인부들은 성경책 속에 사는 선지자들,
하늘을 열지 못하고 「난 모른다」고 했다.
빈 박스와 무연탄과 통나무의 공통점이
하늘에 떠서 제 몸을 태우고,
연기는 보이지 않았지만 꽤 더러워져 있었다.
확성기를 가지고 누가 메시지를 낭독하고 있었고,
위장도 없는 지하통로가 입을 벌리고 듣고 있었다.
한 떼의 새들이 날아오르고, 그 뒤를
또 한 떼의 새들이 날아오르고 있었다.
「난 모른다, 난 모른다」 소리가 들리고 있었다.

소리가 있는 풍경(風景) · 7

도시의 긴 창자 속을 달려가던 한 떼의 쥐들이 되돌아서서 달아난다. 그 뒤를 바싹 쫓던 고양이가 놀라서 달아난다. 길목을 지키고 섰던 어떤 신(神)이 너털웃음을 웃는다.

거짓말도 참말도 아닌 소리가 하늘을 명멸한다. 신(神)이 잠시 한눈을 팔 때, 어떤 동상은 높은 대에서 내려와 여자의 집을 찾는다. 신음소리가 들린다. 한 떼의 장난감 어릿광대가 문을 열고 나와 첫울음을 시작한다.

도시의 긴 창자 속을 지나서 밖으로 나오는 쥐들의 행렬과 장난감 어릿광대의 행렬, 어떤 신(神)이 너털웃음을 웃는다. 몇 음정 헛디디며 새벽이 돌아오고, 간밤엔 아무 일도 없었다는 듯이 얼굴을 든다. 점점 윤곽이 확실해지는 얼굴, 「뉘시드라, 뉘시드라」「할 말이 없어서 미안하다」

소쩍새

대 숲에서 태어난 바람
책장을 넘기네.
갈피마다 한 잎씩 재워둔
해와 달과 소쩍새 소리
바람에 날리네.
어쩌랴, 그 세월 모두
날아가 버리면, 날아가 하늘에
외로운 섬이 되어 버리면,
못 듣겠네.
소쩍새소리 못 듣겠네.

애기동백

— 허튼소리

흰 동백꽃 겹으로 피는 나무 희귀한 나문데 아무도 눈여겨보지 않는다. 누군가 그걸 아는 사람 만나고 싶다.

할아버지, 할아버지 죽지 마. 할아버지 죽으면 할아버지 보고 싶어 할아버지한테 가려면, 나도 죽어야 하잖아. 나 백까지 살 건데 할아버지 때문에 나 죽으면 좋아. 안 좋지. 그러니까 할아버지 죽지 마.

다섯 살배기 외손녀가 내 영혼을 흔든다. 애기동백꽃 가리키며 이거 너 닮았다 하면 한사코 할아버지 닮았다 하는 그놈. 그게 희귀한 동백나문 줄 아는 모양이다.

연가(戀歌) · 1

동전 몇 닢 가지고
눈을 감으면
언제나 네게로 간다.
거기서 너를 만나
첫울음을 배운다.
벌레소리가 들리고
개 짖는 소리가 들리고.
전화로도 만날 수 있지만
비밀이니까.
우리 둘이 나란히 깔고 앉는
손수건만한 이승과 저승,
그 가까운 거리.
동전 몇 닢 가지고 눈만
감았다 떴다 하면
가고 온다.

연가(戀歌) · 2

밤눈이 내린다.
언제나
빈 연극무대 위에 등장하는
나의 신(神)이
길 건너 우체통 근처에 서서
눈사람이 되고,
산(山)에 갖다 버리고 온
무색의 내가
길게
발자욱을 남기고 돌아와
적당한 거리를 유지하고 선다.
(무엇이 그들을 늘
함께 있게 하는가)
밤은
막이 내린 연극무대,
그 위에 등장하는
바보야 바보야.
밤눈은 이미 나에게
한 봉지의 사랑이다.

우리 마을

허리 굽은 길과
느리고 게으른 시간이 졸고 있는
아주 작은 마을입니다
교회 아니면 암자 하나
있으면 좋고
산새가 찾아와서 놀고 가면
더 좋습니다
한 오백년쯤 된
앉은뱅이집 몇 채가
이마를 맞대고 졸고 있고
그 안에 그도 있고 나도 있고
그를 닮은 누구와 나를 닮은 누구
그리고 그 세월이 있으면 됩니다
푸른 하늘과 흰 구름이
없는 듯 있는 평온
'청기 올려 백기 내려'
이런 놀이를 해도 좋습니다
허리 굽은 길과
느리고 게으른 시간이 졸고 있는
아주 작은 마을입니다

우일음(雨日吟) · 1

책을 읽다가
잠이 들다.
낙숫물소리가 잠 속에 들어와서
하늘 천, 따 지,
검을 현, 누르 황…
미안하다, 미안하다.
눈물이 고인 눈으로
보아야만
보이는 시공(時空).
거기, 먹물로 그린 풍경
비가 내리다. 하루종일
말 한 마디
못해 보다.

우일음(雨日吟) · 4

비가 내린다.
하루에도 열두 번씩
달아났다가는
다시 제자리로 돌아와서는
내 그림자가
마당 한 구석에 서서
비를 맞는다.
침으로 붙여 놓은 달은
누가 떼어 갔지만,
오늘은
눈을 깔고 서 있는 30촉 외등(外燈)이
달이다, 보름달이다.
비가 내린다.
두들기면 두들길수록 자꾸
커지는 공허,
비를 맞는다.
마당 한 구석에 서서
비를 맞는다.

이빠진산* · 1

내 말을 그냥
가만히 들어만 주는
친구 어디 없을까.

나도 그의 말을
그냥 가만히 듣기만 하는
친구가 되고,

이빠진산
두 봉우리
그리 살고 있네.

친구야,
마을 앞 장승이 된
소학교 때 친구야.

사람이 그립다.

* 이빠진산 : 해발 320.5미터 경암산(警巖山), 취암산(鷲岩山) 혹은 치함산(齒陷山)이라고도 함. 천안(天安) 시내 쪽 목천면계(木川面界)에 있는 산으로 이 고장 사람들은 이빠진산이라고 부르고 있음.

이빠진산 · 2

나는 내 자리에
언제나 그대로 있을 뿐인데…
비 오고 눈이 오고
바람이 불어서
세상이 변하네.
새가 우는 밤엔
어디 있느냐, 너는.
때때로 내 곁, 네 자리가
비어 있네.
그럴 땐 내가 네 곁,
내 자리에 있을 뿐인데…
꽃피고 잎이 지고
구름이 가려서
세상이 변하네.
이빠진산 두 봉우리
금줄 동여매고
그냥 그렇게 있을 뿐인데…
누구와 이별하고 있는가,
둘이 있어도 허전한 세상.
우리는 언제나 그렇게
세월일 뿐인데…

작별

내 시간은 흐르는 강물이 아니라 내 몸속에 쌓이는 백년설입니다. 그래서 내가 죽어 베옷 입고 땅속에 묻히거나 불속에 던져져도 내 몸속의 백년설이 다 녹아 없어질 때까지 똑딱똑딱 시계소리를 낼 것입니다.

나는 내가 다 책임지겠습니다.

그런 뒤에 떠나겠습니다. 한평생 곰곰이 생각해 보아도 도대체 내가 왜 여기에 왔는지 알 수가 없으니 그걸 물어보러 떠나야겠습니다. 포기할 수 없습니다. 다만 작별이라서 똑딱똑딱 발자국 소리는 아니 내겠습니다.

작은 고독 · 1

거울에 비치지 않는
어릿광대
가만히 있으면
발가락을 씹기도 하고
머리를 쪼기도 하는
너,
책을 읽고 있으면
손으로 눈을 가리고
무게로 어깨에 매달리는
너,
너는 누구니.
늘 내게로 와서
나를 요구하는 작은 고독
너,
거울에 비치지 않는
어릿광대.

작은 고독 · 2

가슴이 허전하다.
난 몇 분을
양지바른 곳에 내다놓고
곁에 앉는다.
눈을 감는다.
바람은 내 영혼을 벗겨서
나뭇가지에 걸어 두고
그 자리에
작은 그늘 하나를 만든다.
평생을 끌고 다닌
죄 많은 육신,
그래도 그림자는 아름답다.
눈을 뜬다.
난초가 흔들린다.
후두둑 낙엽으로 떨어지는
가을은
허전하다.

종달새

꼬마스님
동자스님
어디어디 계시나.

꼬마스님
아기스님
거기거기 계시나.

출가한 종달새
하루종일
공염불만 외고 있네.

종소리 · 2

종은 몸으로 웁니다
종은 혼으로 웁니다
아닙니다
종은 아래로 웁니다
어미와
아기의 고고성
그래서 세상 끝까지 달려갔다가
뒤돌아옵니다
종은 혼으로 웁니다
종은 몸으로 웁니다
아닙니다 종은 아래로 웁니다

지팡이

깊은 산꼭대기에
서서 죽은 나무야.
죽어서도 깨어 있구나.
그 곧음 곁에
지팡이를 꽂는다.
뿌리 내려라.
죽어서도 서 있는
그 허무 곁에
또 한세상 있느냐.

책을 읽고 있는 아내

아내의
옆자리에 앉아 있는
고독을 본다.
반백이다.
나 혼자 있을 때는
내 옆자리에 와 앉고,
아내와 둘이 있을 때는
둘 사이에 끼어 앉는
작은 공허.
오늘은 꿈쩍도 않고
아내 곁에 앉아서
책을 읽고 있다.
무표정이다.
고독의
옆자리에 앉아 있는
아내,
그는 오늘 하루 인간과
무관하다.

춘란(春蘭)

아내가 난(蘭) 몇 뿌리를
시장바구니에 담아 가지고
왔다.

분에 심어서
난(蘭) 서열 끝에 두고
보았다.

겨울에 시집와
반은 죽고, 반은 살아서
그 서열을 지키고 있다.

언제나 맨 끝을 지키는
아내의 서열,
반백이 된 아내의 마음 같아

측은한 눈으로
날마다 한 번 더
보게 된다.

콩과 팥

니가
팥을 콩이라 하면
나는 그대로
팥이 콩이고,

니가
콩을 팥이라 하면
나는 그대로
콩이 팥이고,

그러면,
팥은 무엇인가,
콩은 무엇인가.

오냐 오냐.
구구구
비둘기 불러 모아
콩이 팥이고,
팥이 콩이고.

흔들의자에 앉아서 · 1

별날도 아닌데 오늘은
허전하다.
흔들의자에 앉아서
세상을 흔들어 본다.
몸도 마음도 다 비우면
하늘이 될까,
노을이 될까.
그래도 서운한 인생
다 비울 수가 없어서
흔들의자에 앉아
세상을 흔들어 본다
내 힘으로도 흔들리는 세상,
왜 미안할까.
별 것도 아닌데 조금은
쓸쓸하다.

흔들의자에 앉아서 · 2

흔들의자에 앉아서 나를 흔들면
세상이 흔들리네요.
흔들의자에 앉아서 세상을 흔들면
내가 흔들리네요.
정신 차려요.
자전거를 타고 가듯 흔들의자에 앉으면
지구가 돌고 돈다네요.
세상 밖으로 떨어진다네요.

흔들의자에 앉아서 · 3

흔들의자에 앉아서
눈을 감다.
산이 다가와 나를
산 속에 두다.

(외로워하지 않기)

비가 내리다.
산새 한 마리가 날아와
어깨 위에 앉아서
울다.

(침묵깨기 없기)

잠을 자다.
흔들의자에 앉아서
석 달 열흘
잠을 자다.

생사를 초월한 격조와 품도(稟度)

— 김명배 시인의 유고작품을 감상하며 —

문학평론가 리 헌 석
충청예술문화협회 회장

1. 담결한 정서 -「아름다운 초대」

의제헌(宜弟軒) 김명배 시인(1932~2016)은 언제나 단정한 신사셨으며, 내면까지 염결(廉潔)한 문인이셨습니다. 평생 남에게 폐를 끼치지 않으려 조신하며, 항상 꼿꼿한 자세를 유지하여, 때로는 가까이 모시기 어려운 분이셨습니다. 시인이 2016년 8월 17일 소천하시기 얼마 전에 창작하여 노트북에 친필로 정서해 놓은 유고작품은 시인의 내면을 그대로 반영하는 예술성 높은 품격(品格)을 지니고 있습니다.

필자와 김명배 시인과의 인연은 천안문인협회의 만남에서 비롯되었습니다. 문학청년이었을 1976년, 한국문인협회 천안지부 회장이시던 김명배 선생님을 시 창작의 스승으로 모셨습니다. 그 인연은 2016년, 선생님께서 소천하실 때까지 '제자의 존경'과 '스승의 사랑'으로 이어졌습니다. 소천 2주기를 맞으며 아직도 먹먹한 가슴으로 선생님의 유고작품 35편을 다시금 감상합니다. 소천하시기 며칠 전에 빚은 시 「아름다운 초대」에서 스승을 마주 대한 듯 울음이 되살아났습니다.

저녁밥 잘 먹고
친구 집에 마실 가듯
갔으면 싶습니다

폐가 안 된다면
한 열흘쯤 뒤에 이웃에게
엽서나 보내면 어떨지 싶고
고맙습니다
반갑게 맞아주는 아름다운 초대
눈물방울만한 영혼 하나
거기 어디 쉴 곳 없겠습니까

— 유고시 「아름다운 초대」 전문

시인은 당신의 임종을 어느 정도 예감한 듯합니다. 소천의 그 날을 기다리며, 함께 살아온 사람들을 떠올리게 되고, 그들에게 어떻게 당신의 떠남을 알리는 것이 좋을까 고심한 듯한 이 작품은 10행의 단형입니다. 그러나 세심하게 관찰하면 3단락으로 나누어 감상할 수 있습니다.

1단락은 서두의 3행인데 〈저녁밥 잘 먹고/ 친구 집에 마실 가듯/ 갔으면 싶습니다.〉라는 부분입니다. 이러한 소망은 그대로 실현되어, 시인은 '저녁밥' 대신 '아침밥'을 잘 드시고, 햇빛도 환한 대낮에 거실 소파에 앉았다가 일어서면서 현기증인 듯 '어지럽다'고 한 후, 방으로 들어가서 침대 머리맡에 조용히 앉아 영면하셨으니, 그야말로 불교의 고승(高僧)과 같은 예지와 품도가 담긴 작품입니다.

2단락은 4~7행인데, 자신의 부음(訃音)을 지인들에게 전하는 절차를 부탁하는 내용입니다. 가족과 친지들에게 〈폐가 안 된다면/ 한 열흘쯤 뒤에 이웃에게/ 엽서나 보내면 어떨지〉 싶다는 바람을 담고 있습니다. 그야말로 소박하고 결벽(潔癖)합니다. 그러나 이러한 바람은 현실에서 수용되기 어려운 당부입니다. 널리 알리지는 않았지만, 시인을 존경하고 사랑하는 사람들이 모여 선생님의 문학과 삶을 돌아보며 작별의 눈물을 나누었습니다. 7행의 〈고맙습니다〉 는 엽서에 담아야 할 내용입니다. 시인에게 있어 더 이상의 별사(別辭)는 필요 없었을 터, 마지막에 드리는 〈고맙습니다〉 한 마디에 선생의 사랑과 우정을 담아내기에 넉넉합니다.

3단락은 8~10행인데, 소천의 의미를 정리한 후, 담담하게 받아들이는 내면의 반영입니다. 시인은 이승에서 저승으로 가는 과정의 〈반갑게 맞아주는 아름다운 초대〉를 자연스럽게 수용합니다. 동시에 초대받은 그 곳에 〈눈물방울만한〉 시인의 〈영혼 하나〉 쉴 곳이 없겠는가, 되물어 자신이 쉴 곳이 준비되어 있으리라 예감합니다. 이와 같은 선사(禪師)의 품도(稟度)와 선비의 격조를 김명배 시인의 작품에서 마주치게 됩니다.

2. 불심의 투영 –「가야산」 외

김명배 시인은 청년기에 몸이 허약하여, 사찰에 묵으며 수행한 바 있습니다. 이 과정에서 불교적 세계관이 작품에 투영되어 나타납니다. 「산사일기 6」의 〈산속을 흐르는 물에/ 발을 담그고 있으면/ 바다까지 이어져서/ 큰 배를 타고/ 하늘로 해서 둥글게/ 둥글게 다시 돌아온다.〉는 구절이 있습니다. 이 작품을 통하여 시인은 세상의 모든 이치가 하나로 융합되는 원융(圓融)의 철학, 생(生)과 사(死)가 반복되는 윤회(輪廻) 사상까지 담아 놓습니다.

이와 함께 「산사일기 11」에서처럼 〈집을 떠나올 때와 같이/ 山을 떠나왔다./ 그날 밤, 山이 찾아와 나를/ 山속에 두었다./ 집을 떠나오면 집이 따라와/ 나를 집에 두고〉에서 사물 인식(認識)의 과정을 작품으로 빚어냅니다. 아주 작은 상황을 통하여 〈인연은 어렵다. 인연은/ 눈물 많은 사람에겐/ 너무 어렵다.〉는 깨달음에 이릅니다. 시인이 찾는 일은 「산사일기 10」에서 밝힌 것처럼 〈내가 찾는 것은 그 흔한/ 꽃이거나 꽃잎에 사는 이슬,/ 눈만 뜨면 어디에나 있는/ 虛無〉라는 데에 이르러, 색즉시공(色卽是空) 공즉시색(空卽是色)의 경지를 만나게 됩니다.

① 가야산에 들어가면 거기
수행하는 산새들이 삽니다
경문 한 구절은 외웁니다
그 소리 너무 청아해서
어디에 와 있는지
두 손 모으게 됩니다

— 「가야산」 일부

② 풀벌레가 웁니다 풀이 웁니다
그 소리 신이 오르면
이때다 하고 영은사 은행나무는
염불을 하십니다
거짓말이다 하면 거짓말이지 싶지만
참말이다 하면 참말이지 싶습니다

— 「참말이다 하면」 일부

③ 나는 바람입니까
드디어 여기에 와서 앉아 있습니다
부처님 곁에 앉아 있는 게 아니라
내 곁에 부처님이 앉아 계십니다
너를 버리면 된다 니가 나를 버리면
된다 하시면
산 속에 내가 있는 게 아니라
내 속에 산이 들어와 있습니다

— 「미시령 제일봉에서」 일부

시인은 가야산 해인사를 찾습니다. 그 곳에서의 추억을 되살려 지은 작품이거나, 혹은 최근에 다녀온 후 지은 작품이 ①번입니다. 그 곳에서 시인은 〈나는 하늘입니까 땅입니까〉 〈나는 어제입니까 내일입니까〉 존재의 의미를 궁구(窮究)합니다. 가야산에 들어가면 경문 한 구절은 외는 산새들이 사는데, 경을 외는 그 소리가 너무 청아하여 시인은 슬퍼집니다. 그 슬픈 정서를 감내하거나 극복하기 위하여, 일상에서도 더욱 불심에 가까이 가려 한 것 같습니다.

②의 〈풀벌레가 웁니다〉와 〈풀이 웁니다〉는 인식의 차이를 찾아낸 혜안입니다. 세상의 이치를 찾아 헤매고 싶을 때 충남 공주시 '공주산성' 안에 있는 영은사 은행나무에서 바람소리가 들립니다. 시인은 그 소리에서 인식의 과정을 확연하게 정리합니다. 〈거짓말이다 하면 거짓말이지 싶지만/ 참말이다 하면 참말이지 싶습니다〉라는 시행(詩行)은 일체유심조(一切唯心造)의 새로운 발견이라 하겠습니다.

③의 서정적 위치는 미시령 제일봉입니다. 시인이 그 곳을 답사하고 지은 작품이거나, 그러지 않고 상상으로만 지은 작품이거나 관계가 없습니다. 어차피 어느 곳이거나 '부처님 나라'라는 처처불심(處處佛心)에 이르면, 위치 자체가 의미로운 것이 아니라, 그 위치에서 깨닫는 자체가 의미롭기 때문입니다. 〈산 속에 내가 있는 게 아니라/ 내 속에 산이 들어와 있습니다〉라는 인식은 바로 시인과 산이 서로 다른 물상이 아니라, 양자(兩者)가 하나로 합일하는 물아일체(物我一體)의 경지에 이르렀다는 것을 뜻할 터입니다.

3. 허정의 경지 -「자문자답」

김명배 시인은 불교적 심상에 경도되어, 생활 자체가 불교적 양상을 띠고 있는 분입니다. 그리하여 세상에 대한 욕심보다 마음을 비우는 일, 그 순수한 내면의 반향을 작품에 담습니다. 예술적 창조와 미적 관조의 바탕이 되는 순수의식, 즉 마음을 깨끗이 비워버린 순수의식이 허(虛)하고 정(靜)한 상태를 허정(虛靜)이라 합니다. 허정에 이르는 방법을 심재(心齋)라 하는데, 이 심재란 마음을 텅 비게 하는 과정입니다. 마음을 텅 비우는 일은 근원적인 순수의식에 도달하는 길입니다.

무욕 또는 허정의 시심을 드러내고 있는 작품은 선시(禪詩)나 순수를 지향하는 시인들의 한시(漢詩), 선비의식이 담겨있는 시조 작품 등에서 산견되지만, 현대시에서도 자주 목격되고 있습니다. 김명배 시인의 유고 작품에서도 허정의 경지에 이르고자 하는 심재의 과정을 형상화한 작품을 확인할 수 있습니다.

문 밖에 귀뚜라미가 울고 있는데
너는 슬프지도 않니

그리움이잖아요
외로움이잖아요

문밖에 귀뚜라미가 울고 있는데
너는 왜 울지도 않니

사랑이잖아요
가을이잖아요

문밖에 가을이 와 있는데
너는 슬프지도 않니

떠날 거예요
갈 거예요

— 「자문자답」 전문

가을이 되어 귀뚜라미 소리가 들립니다. 귀뚜라미 소리를 들으며

〈문 밖에 귀뚜라미가 울고 있는데/ 너는 슬프지도 않니〉 시인이 자신에게 묻습니다. 그러자 귀뚜라미 소리는 〈그리움이잖아요/ 외로움이잖아요〉라고 스스로 대답합니다. 시인이 그렇게 느끼면 귀뚜라미 소리는 '그리움'이고 '외로움'이 됩니다. 〈문밖에 귀뚜라미가 울고 있는데/ 왜 울지도 않니〉라는 물음에 대하여 〈사랑이잖아요/ 가을이잖아요〉라고 대답합니다. 귀뚜라미 소리가 사랑이기 때문에 울지 않는다고 합니다.

이러한 과정을 거쳐 시인은 〈문밖에 가을이 와 있는데/ 너는 슬프지도 않니〉라고 묻습니다. 그러자 〈떠날 거예요/ 갈 거예요〉라고 대답합니다. 이 대답은 중의법을 원용한 시인의 정서가 그대로 투영되어 있습니다. '떠날 거예요'의 주체는 시인이 바라보는 귀뚜라미일 수도 있고, 그런 귀뚜라미가 시인으로 환치된 주체일 수도 있습니다. '떠날 거예요'를 강조하기 위하여 '갈 거예요'라는 수정 반복으로 맺은 것은 '떠나야 할 때를 알고 있는' 시인 내면의 반향(反響)으로 보입니다.

이는 유고시 「길이 있으면 가는 겁니다」의 정서와도 연계됩니다. 물리적으로 깜깜한 〈그믐밤 하늘을 보아도/ 길이 보입니다〉라면서 그 길을 따라 '떠나야 함'과 동질적 정서가 담겨 있습니다. 세상은 캄캄하지만, 캄캄한 밤이어서 오히려 별은 빛나게 마련이고, 〈떨어지는 별을 보면/ 길〉이 보이기 때문에 그 길을 따라 가야함을 밝힙니다. 이런 발상이 김명배 시인의 유고작품에서 아름답게 반짝입니다.

4. 해후의 기대 – 「바람의 언덕에서」

김명배 시인의 유고작품 34편 중에서 부제(副題)를 '허튼소리'로 한 작품이 많습니다. 이미 발간한 여러 시집에서도 이러한 경향이 드러나기는 하였지만, 빈도(頻度)로 치면 특별한 의미를 갖습니다. 소천의 시기를 예감하며 빚은 시여서, 무겁지 않은 주제를 담아내려는 의도성이 감지됩니다. 그리하여 가벼운 깨달음과 정서를 담아낸 것 같습니다. 그러나 이러한 작품들이 그냥 가볍기만 한 것이 아니라, 그 속에 삶의 이치와 오롯한 정서가 스며들어 있습니다.

유고시 「바람의 언덕에서」는 가까운 사람들에 대한 사랑의 약속이면서 간절한 기대를 담은 작품입니다. 〈달 속의 눈부처 우리 함께 떠나자〉에서 '눈부처'는 '눈동자에 비치어 나타난 사람의 형상'입니다. 그렇다면 앞에 있는 사람의 '눈부처'는 시인 자신이 될 터이고, 자신의 눈에 있는 '눈부처'는 마주 앉아 있는 사람일 터, 이는 '가장 가까이에 있는 사람'에게로 향한 정서를 바탕으로 빚은 작품입니다. 이런 유추를 통하여 시의 맥락을 살펴보면, 이 작품의 객체는 평생의 반려자 이진학 여사로 보입니다.

> 달 속의 눈부처 우리 함께 떠나자 내 어머니 아버지가 바람이었으니 나도 바람이다 그래서 사랑하는 나의 눈부처 너도 바람이다 우리가 만나는 이 언덕에서 바람의 그림자와 바람의 소리가 갈라설 수 있어 그것은 내가 너를 버리는 것이 아니라 니가 우리를 버리는 것이다 나는 바람이다 그게 억울해서 떠나야 한다 그게 원통해서 떠나야 한다 동전 한 닢 입에 물고 떠나야 한다 우리 함께 꿈밖으로 떠나가면 거기 어디 이사야 제11장의 동산에서 방황을 멈출 수 있을지 누가 아니 언젠가 그때 우리가 처음 만난 바람의 언덕에서 뜨겁게 뜨겁게 포옹할 수 있을지 누가 아니
>
> —「바람의 언덕에서」 전문

특히 〈내 어머니 아버지가 바람이었으니 나도 바람이다〉 〈그래서 사랑하는 나의 눈부처 너도 바람이다〉에서 '나'와 '너'는 부부임을 유추할 수 있습니다. 특히 〈우리가 만나는 이 언덕에서 바람의 그림자와

바람의 소리가 갈라설 수 있〉다는 것은 '죽음'에 대한 이별의 서정적 형상화일 터이며, 〈나는 바람이다 그게 억울해서 떠나야 한다 그게 원통해서 떠나야 한다 동전 한 닢 입에 물고 떠나야 한다〉고 소천의 과정을 수용합니다. 그리고 세월이 흘러 배우자가 자신을 따라오면 〈이사야 제11장의 동산〉처럼 평화로운 곳에서 재회할 수 있으리라 기대합니다.

이사야 제11장의 동산은 〈이리가 어린 양과 함께 거하며 표범이 어린 염소와 함께 누우며 송아지와 어린 사자와 살찐 짐승이 함께 있어 어린 아이에게 끌리며 암소와 곰이 함께 먹으며 그것들의 새끼가 함께 엎드리며 사자가 소처럼 풀을 먹을 것이며 젖 먹는 아이가 독사의 구멍에서 장난하며 젖뗀 어린 아이가 독사의 굴에 손을 넣〉어도 아무렇지 않은 평화와 사랑의 장소입니다. 그리하여 이런 장소에서 시인은 〈언젠가 그때 우리가 처음 만난 바람의 언덕에서 뜨겁게 뜨겁게 포옹할 수〉 있기를 기대합니다.

이 작품을 감상하면서 불교 신자로 일관한 시인의 뜨락이 기독교 구약성서로 확장되는 경이로움을 만납니다. 평화와 안식의 공간에서 '니(너)'와 함께 재회하고자 하는 웅숭깊고 각별한 정서를 공유합니다. 이와 함께 시인의 작품 한 편, 한 편이 모두 선생의 삶을 명징하게 투영하고 있음을 밝힙니다. 다시금 먹먹한 가슴으로, 2018년 8월 17일 소천 2주기를 맞아,스승으로 모셨던 김명배 시인을 추모하며 맺습니다.

| 의제헌(宜弟軒) 김명배(金明培) 시인 약력 |

1. 생년월일

- 1932년 8월 20일(음력)
- 충남 천안시 동남구 목천읍 동평리 141번지에서 출생
- 2016년 8월 17일(양력) 소천, 각원사 숲에 수목장으로 모심

2. 학 · 경력

- 천안농업고등학교 졸업
- 공주사범대학 국문과 졸업
- 중등학교 교사, 대학교 교수
- 1999.2.28 안성산업대학교(한경대학교) 교수 정년퇴임

3. 문단활동

- 1953~1955 백양문학회, 능수문학회 창립회원
- 1954~1958 과수원시회 창립회원
- 1956~1958 호서문학회 2집부터 회원
- 1956~2016 한국문인협회 충남지부 회원
- 1958~1959 백수문학회 회원
- 1973.01.01 〈현대시학〉 추천 완료 등단
- 1973~1975 천안문인회 회원(회장 역임)

- 1973~2016 한국시인협회 회원(자문위원 역임)
- 1975~2016 한국문인협회 회원(인권위원 역임)
- 1977~2016 도가니문학회(문학사랑협의회) 고문
- 1987~2016 국제펜클럽 회원(자문위원 역임)
- 1975~2016 한국문협 천안지부 회원(창립 지회장 역임)
- 1984~1990 시울림회 회원(대표 역임)
- 1989~1991 곰나루문학회 회원(부회장 역임)
- 1987~1994 서세루시 동인 및 추천위원
- 1991~1995 월간 〈충남저널〉 논설위원
- 1992~2016 문학전문지 〈자유문학〉 추천위원
- 1993~2016 문학전문지 〈해동문학〉 편집위원
- 1993~2001 문학전문지 〈오늘의문학〉 편집위원, 심사위원
- 1994~2016 천안시인회 고문
- 2000~2016 가시나무시회 고문
- 2002~2016 문학전문지 〈문학사랑〉 편집위원, 심사위원

4. 문학 저서 발간

- 1973년 1시집 『청동색 음성』 고려출판사
- 1975년 2시집 『둘째의 공간』 고려출판사
- 1982년 시집 『바람아 바람아』 고려출판사
- 1986년 시집 『소리가 있는 풍경』 혜진서관
- 1992년 시집 『사랑하기 없기』 시세계
- 1998년 시선집 『또 한세상 살고 한세상 또 살고』 오늘의문학사
- 2001년 시집 『이 빠진 산 두 봉우리』 오늘의문학사

- 2002년 시전집 『김명배 시전집』 오늘의문학사
* 2002년 『김명배의 시와 삶』(리헌석 한성우 편저) 오늘의문학사
- 2006년 시집 『산도 너스레를 떠는가』 오늘의문학사
- 2010년 시집 『발 그리기』 오늘의문학사
- 2011년 시조집 『몸 밖에 마음 두고』 오늘의문학사
- 2015년 시집 『달팽이 외나무다리 건너기』 오늘의문학사
- 2016년 시선집(천안사랑 시선집) 『천안 홍타령』 오늘의문학사

5. 수상 경력

- 1985.10.08 제2회 천안시 문화상(교육문화)
- 1987.02.10 제7회 녹원문학상
- 1998.12.11 제42회 충청남도 문화상(문학)
- 1999.02.27 국민훈장 모란장(대한민국)
- 2002.07.13 제2회 문학사랑 대상(문학사랑협의회)
- 2007.12.07 제5회 정훈문학상 대상(충청투데이)
- 2010.12.16. 제33회 한국현대시인상(한국현대시인협회)

6. 소천 이후, 기림 활동

- 2017.08.01 월간 『충청예술문화』 권두 집중조명
  - 리헌석 권두언 : 김명배 시인의 소천 1주기를 맞으며
  - 김명배 시, 정태준 작곡 「천안 홍타령」 수록
  - 추모시 : 권상기 조유정 한성우 한정찬 작품 수록

- 2017.08.17 시선집 『천안 홍타령』 오늘의문학사 발간
  - 천안에서 살며 천안을 사랑하신 선생님의 시 100편 선정
- 2017.08.17 각원사에서 소천 1주기 추모식
  - 이진학 사모님, 윤여홍 시인, 권상기 시인 이병석 시인, 리헌석 시인, 한성우 시인 부부, 김화자 시인, 신미경 시인, 지미정 시인, 신징남 시인 등 참석

- 2017.09.01 월간 『충청예술문화』 1주기 추모식 기사와 사진

- 2018.08.17 김명배 유고시집 『아름다운 초대』 오늘의문학사 발간
  - 유고작품 34편, 추천 대표작품 70여 편 등 100여 편 수록
  - 가족, 후배 시인, 제자 시인 등 다수가 추천한 대표작품 순서

- 2018.08.18 각원사에서 소천 2주기 추모식 예정

김 명 배 유고시집

발 행 일 | 2018년 8월 17일
지 은 이 | 김명배
편 집 | 이진학
발 행 인 | 李憲錫
발 행 처 | 오늘의문학사
출판등록 | 제55호(1993년 6월 23일)
주 소 | 대전광역시 동구 대전로867번길 52(한밭오피스텔 401호)
전화번호 | (042)624-2980
팩시밀리 | (042)628-2983
전자우편 | hs2980@hanmail.net
카 페 | cafe.daum.net/gljang(문학사랑 글짱들)

공 급 처 | 한국출판협동조합
주문전화 | (070)7119-1752
팩시밀리 | (031)944-8234~6

ISBN 978-89-5669-934-9 03810
값 15,000원

* 이 책은 교보문고에서 eBook(전자책)으로 제작하여 판매합니다.
* 잘못 제작된 책은 바꾸어 드립니다.

이 도서의 국립중앙도서관 출판예정도서목록(CIP)은 서지정보유통지원시스템 홈페이지(http://seoji.nl.go.kr)와 국가자료공동목록시스템(http://www.nl.go.kr/kolisnet)에서 이용하실 수 있습니다. (CIP제어번호 : CIP2018024313)